Hans Gerlach

Die neue Alpenküche

Klassisch, kreativ, köstlich

Hans Gerlach mit
Susanna Bingemer

Die neue Alpenküche

Klassisch, kreativ, köstlich

Fotos von Hans Gerlach und Silvio Knezevic

Inhalt

Vorwort

Meine erste Erinnerung an Essen ist rund und süß: Großmutters Zwetschgenknödel. Früh habe ich mich auch am selbst gebackenen Apfelstrudel versucht und war sogar halbwegs erfolgreich – wenn man von der Dose Zimt absieht, die in die Füllung fiel. Später wurde ich Koch und interessierte mich erst mal für andere kulinarische Spezialitäten – von den französischen Klassikern bis zur vietnamesischen Küche. Doch irgendwann entdeckte ich, wie sehr mich die Küche meiner Kindheit entspannt: Wie Strudel, Knödel, Hendl, Rösti oder Palatschinken funktionieren, brauche ich nicht zu studieren, das liegt mir einfach nahe. Auf vielen Reisen sammeln meine Frau und ich seitdem die schönsten Rezepte aus den Alpen – von den slowenischen Bergen bis in die Provence-Alpen, die bei Nizza ins Meer fallen.

In diesem Buch finden Sie wichtige Klassiker, den besten Gâteau au fromage aus Lausanne, die schönsten österreichischen Saftschnitzel, unsere Lieblingsrösti aus rohen Kartoffelscheibchen, ein wunderbar saftiges Backhendl, den typischen Suure Mocke – ein feiner Sauerbraten aus der Schweiz – und einiges mehr. Viele davon sind Gemüsegerichte, so wie es einer traditionellen Küche entspricht, in der Fleisch immer vor allem ein Sonntags- und Festessen war. In jedem Fall haben wir versucht, das beste Rezept zu finden und so zu bearbeiten und zu beschreiben, dass es in jeder normalen Küche einfach und gut funktioniert.

Diese klassischen Rezepte begleiten andere, die auch aus den Alpenregionen stammen, auf die ich aber einen frischen Blick geworfen habe. Meine Versionen von Brotsuppe, Topfenpalatschinken oder Chrut Gipfeli sind leichter, frischer und aromatischer als die Originale. Denn was der schwerarbeitende Bergbauer aß, sollte vor allem reichlich Energie liefern. Die Idee der Brotsuppe zur Resteverwertung ist immer noch gut, aber sie darf ein bisschen spannender schmecken als früher. Mit dem Blick des reisenden Kochs habe ich ein paar Gerichte eingeschmuggelt, die wunderbare Bergrezepte ganz neu interpretieren – probieren Sie Pulled Hirschpfeffer oder Alpenpickles und Alpenchutney, die Grill- bzw. Käsegerichten eine neue Richtung geben können.

Ein besonderes Thema ist Fisch. Eine Bergküche kann nicht viele Fischgerichte bieten, aber die wenigen, die es gibt, kann ich nur empfehlen. Denn Süßwasserfische werden meist umweltschonend gefischt und kommen ohne lange Transportwege auf den Teller. Ein Rezept möchte ich Ihnen besonders ans Herz legen: das gebackene Karpfenfilet. Karpfenzucht ist die nachhaltigste Art Fische zu züchten, ganz einfach, weil Karpfen Vegetarier sind. Die gebackenen Filets sind eine wunderbare Art, den eher nicht so beliebten Fisch zu genießen.

Desserts sind in den Bergen meist Mehlspeisen. Großmutters Knödel sind natürlich dabei, auch supersaftige Dinkelbuchteln mit Marillenpowidl und eingemachte Früchte, die jedes Vorratsregal zieren. Zum ersten Mal haben wir die Powidltascherl mit Brandteig gemacht, das kam uns anfangs ein wenig altmodisch vor – schmeckt aber fantastisch.

Viel Spaß auf der kulinarischen Reise durch die Alpen!

Ihr Hans Gerlach

Jausen

Alpen-Hotdog: Bosna mit Zwiebelsenf

Für 4 Personen • Zubereitung: 15 Minuten

Für den Zwiebelsenf:

2–3 Zwiebeln

3 EL Rapsöl

Salz

1–2 TL Kräuteressig

75 g scharfer Senf

2 EL süßer Senf

Für den Hotdog:

1 Bund Petersilie

2 Essiggurken

1 EL neutrales Pflanzenöl

4 feine Bratwürste (à 150 g)

4 längliche Brötchen

Currypulver

Chiliflocken (nach Belieben)

1 Stück frische Meerrettichwurzel
  (3 cm)

eingelegte Peperoni oder Alpenpickles (S. 13) zum Servieren

1 Für den Zwiebelsenf die Zwiebeln schälen, halbieren und klein würfeln. Das Rapsöl in einer Pfanne erhitzen und die Zwiebeln mit etwas Salz darin zugedeckt 5 Minuten anschwitzen. Mit dem Kräuteressig ablöschen, vom Herd nehmen und abkühlen lassen, dann mit dem scharfen und dem süßen Senf mischen.

2 Petersilienblättchen von den Stängeln zupfen und grob hacken. Die Essiggurken erst in Scheiben, dann in Würfel schneiden. In einer Grillpfanne 1 EL Öl erhitzen und die Bratwürste 6–8 Minuten braten (oder auf dem Holzkohlegrill grillen). Die Brötchen längs halbieren und unter dem heißen Backofengrill oder auf dem Holzkohlegrill kurz rösten. Mit dem Zwiebelsenf bestreichen. Die Bratwürste auf die unteren Hälften der Brötchen legen und nacheinander mit Currypulver, Chiliflocken (nach Belieben), der gehackten Petersilie und den Gurkenwürfeln bestreuen. Die Meerrettichwurzel schälen und über die heißen Bratwürste reiben. Die oberen Hälften der Brötchen daraufsetzen. Jeden Alpen-Hotdog zur Hälfte in eine Papierserviette wickeln und heiß mit eingelegten Peperoni oder Alpenpickles servieren.

Tipp:

Als Bratwurst eignen sich lange oder kurze Würste von Schwein oder Rind (jeder Würstlstand hat seine eigenen Vorlieben) – manche nehmen sogar Käsekrainer. Gut ist es, wenn die Wurst nicht zu dick und die Füllung nicht zu grob ist. Am Ur-Bosna-Standl, dem Salzburger *Balkan-Grill*, gibt es keinen Zwiebelsenf, nur gehackte Petersilie mit Zwiebeln gemischt. Als Gewürz wird oft einfach Currypulver verwendet, aber probieren Sie doch einmal mein *Bosna-Gewürz*: 3 EL Paprikapulver edelsüß, 1 EL Currypulver, je 1 TL Chiliflocken und gemahlenen Kreuzkümmel, 1 EL Sumach (nach Belieben; das feinsäuerliche Gewürz ist in türkischen Lebensmittelgeschäften oder über das Internet erhältlich) und 1 EL Salz mit 1 TL Öl in den Blitzhacker geben und mehr mischen als pürieren.

Alpenpickles

Die Gemüseauswahl im Rezept ist nur ein Vorschlag: Der Einlegesud eignet sich für alle festeren Gemüsesorten, wie auch für Paprika, Artischockenherzen, Brokkoli – und für Pilze. Sie können sogar geschälte Knoblauchzehen im Sud konservieren (in diesem Fall die Knoblauchscheiben weglassen). Die Peperoni-Menge im Rezept macht das Gemüse relativ scharf; für milde Pickles einfach weniger Schoten nehmen.

Für 4 Gläser (à 500 ml Inhalt) • Haltbarkeit: etwa 1 Jahr
Zubereitung: 30 Minuten + 15 Tage Ruhezeit

150 g Salz
500 g Hokkaidokürbis
500 g Blumenkohl
400 g Rübchen (z. B. Mairübchen)
250 g Zwiebeln
250 g Staudensellerie
100 g milde rote Peperoni
(Pfefferoni)

Für den Sud:
6 junge Knoblauchzehen
1 Stück frische Meerrettichwurzel
(50 g)
1 EL braune Senfsamen
½ TL Kümmelsamen
125 g Zucker
1 TL gemahlene Kurkuma
750 ml Weißweinessig
½ Bund Bohnenkraut
4 Lorbeerblätter

1 In einem großen Topf 2 l Wasser mit dem Salz aufkochen und wieder abkühlen lassen. In der Zwischenzeit den Kürbis halbieren, entkernen und in Spalten schneiden. Den Blumenkohl in kleine Röschen teilen. Rübchen und Zwiebeln schälen, ohne dabei den Wurzelansatz der Zwiebeln abzuschneiden, halbieren und in Spalten schneiden. Die Selleriestangen in 1 cm dicke Stücke schneiden. Die Peperoni längs halbieren und entkernen. Das Gemüse im Salzwasser 1 Tag ziehen lassen.

2 Für den Sud Knoblauchzehen und Meerrettichwurzel schälen und in Scheiben schneiden. Senf- und Kümmelsamen in einem großen Topf ohne Fett rösten, bis die Gewürze zu duften beginnen. Knoblauch- und Meerrettichscheiben, Zucker und Kurkuma zugeben, einmal umrühren und mit dem Weißweinessig ablöschen. Mit 750 ml Wasser aufgießen. Das Bohnenkraut und die Lorbeerblätter zugeben.

3 Das Gemüse abgießen und im Essigsud in etwa 6 Minuten sehr bissfest kochen. Mit einem Schaumlöffel aus dem Sud heben und eng in sterilisierte Schraubdeckelgläser (siehe Tipp Seite 14) schichten. Den Sud noch einmal aufkochen, die Gläser damit auffüllen und sofort verschließen. Die Alpenpickles mindestens 14 Tage ziehen lassen.

Tipp:

Wer *eingelegte Peperoni* liebt, kann sie auch selbst einlegen: Peperoni im Ganzen in einem Topf mit dem kochenden Sud übergießen, mit einem kleineren Deckel und ggf. Gewichten beschweren und über Nacht auskühlen lassen. Die Peperoni in eine Schüssel geben, den Sud erneut aufkochen, über die Peperoni gießen und auskühlen lassen. Peperoni in sterilisierte Gläser (siehe Tipp Seite 14) füllen, den Sud aufkochen. Die Gläser mit dem kochenden Sud auffüllen und verschließen.

Saure Zwiebeln

Für den Vorrat

Saure Zwiebeln passen hervorragend zu gebratenem Schweine-fleisch und Geflügel, aber auch zu Gemüse, Pilzen oder Kartoffeln sowie – anstelle von Zwiebelsenf – zum Alpen-Hotdog (S. 10).

**Für 2 Gläser (à 350 ml Inhalt) • Haltbarkeit: etwa 1 Jahr
Zubereitung: 25 Minuten + 1 Stunde Ruhezeit**

1 kg rote oder weiße Zwiebeln

3 Stangen Staudensellerie

2–4 milde rote Peperoni (Pfefferoni,
 oder Chilischoten)

50 g Salz

100 g frische Ingwerwurzel

150 ml Apfelessig

200 g Essiggurken

200 g Zucker

1 EL Senfsamen

½ TL Fenchelsamen

Salz und Pfeffer aus der Mühle

1 Die Zwiebeln schälen und in dünne Ringe schneiden. Die Selleriestangen längs halbieren und quer in dünne Stücke schnei-den. Die Peperoni halbieren, ent-kernen und hacken. Zwiebeln, Sellerie und Peperoni in einer Schüssel mit dem Salz mischen, wie Sauerkraut einstampfen und 1 Stunde ziehen lassen.

2 In der Zwischenzeit den Ingwer schälen, quer zur Faser in dünne Scheiben schneiden und mit dem Apfelessig im Blitzhacker pürieren. Die Essiggurken fein würfeln.

3 Das gesalzene Gemüse in ein Sieb geben, unter fließendem kaltem Wasser kurz abspülen und in einem Küchentuch ausdrücken. Alle vor-bereiteten Zutaten sowie die Senf- und Fenchelsamen in einen kleinen Topf geben, aufkochen und zuge-deckt bei schwacher Hitze 15 Minu-ten dünsten. Mit Salz und Pfeffer abschmecken, kochend heiß in sterilisierte Schraubdeckelgläser füllen und diese sofort verschließen.

Tipp:

Gläser oder Bügelflaschen etwa 10 Minuten bei 125 °C im Backofen sterilisieren. Deckel oder Gummi-ringe für 5 Minuten in kochendes Wasser legen, anschließend auf einem Gitter abtropfen lassen.

Krautfladen mit Bündner Fleisch und Endiviensalat

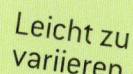
Leicht zu variieren

Für 4 Personen • Zubereitung: 40 Minuten + 16 Minuten Backzeit

Für den Teig:

350 g Weizenmehl und Mehl zum
 Ausrollen
100 g Roggenmehl
1 TL Salz
150 g Butterschmalz

Für den Belag:

250 g Spitzkohl (oder eine andere
 Weißkohlsorte)
2 EL Butterschmalz
½ TL Kümmelsamen
200 g saure Sahne
Salz und Pfeffer aus der Mühle
2–3 EL Haselnusskerne
100 g Bündner Fleisch

Für den Salat:

4 EL Nussöl (oder Rapsöl)
1 EL Weißweinessig
1 TL Quittengelee
1 TL scharfer Senf
1 Msp. Zucker
½ Endiviensalat (oder ein anderer
 Wintersalat)
Salz und Pfeffer aus der Mühle

1 Für den Teig die Mehle mit dem Salz in einer Schüssel mischen. Das Butterschmalz mit 150 ml Wasser aufkochen, über das Mehl gießen und alles zu einem glatten Teig verkneten. (Vorsicht, der Teig ist heiß! Am besten erst einmal mit einem Holzlöffel rühren, bis der Teig etwas abgekühlt ist, dann mit den Händen kneten.)

2 Für den Belag die welken Außenblätter vom Spitzkohl entfernen, den Rest in dünne Streifen schneiden oder hobeln. Das Butterschmalz in einer Pfanne zerlassen und die Kohlstreifen darin mit den Kümmelsamen etwa 3 Minuten braten. Vom Herd nehmen und leicht abkühlen lassen. Den Kohl mit der sauren Sahne mischen und mit Salz und Pfeffer würzen.

3 Für den Salat alle Zutaten außer der Endivie mit 1 EL Wasser zu einer Vinaigrette verrühren und mit Salz und Pfeffer abschmecken. Den Salat waschen und trocken schleudern.

4 Den Backofen auf 240 °C (Ober-/Unterhitze) bzw. 220 °C (Umluft) vorheizen und zwei Backbleche mit Backpapier auslegen. Die Haselnusskerne grob hacken. Den Teig vierteln, jedes Teigviertel zu einer Kugel formen und auf der leicht bemehlten Arbeitsfläche so dünn wie möglich zu einem Oval (ca. 25 x 15 cm) ausrollen.

5 Je 2 Fladen auf ein Backblech legen. Auf jedem Fladen ein Viertel des Belags dünn verteilen. Die Bleche nacheinander in den heißen Ofen geben und die Fladen auf der mittleren Schiene in etwa 8 Minuten knusprig braun backen. Jeden Fladen 2 Minuten vor Ende der Backzeit mit einem Viertel der gehackten Haselnusskerne bestreuen.

6 Die Krautfladen kurz abkühlen lassen und in Stücke (oder Streifen) schneiden. Direkt vor dem Servieren die Fladen luftig mit dem Bündner Fleisch belegen.

Varianten:

Für *vegetarische Krautfladen* das Bündner Fleisch weglassen. Für *Schweizer Speckfladen* den Kohl weglassen, dafür den Teig mit Schweineschmalz zubereiten, die saure Sahne mit 1 fein gewürfelten Zwiebel mischen und die Fladen mit hauchdünn geschnittenen Speckscheiben belegen.

Muskatkürbis mit Südtiroler Speck, Feldsalat und gerösteten Kürbiskernen

Südtiroler Speck, der mindestens 22 Wochen reift, schmeckt am besten roh. Wer zum Muskatkürbis stattdessen knusprig gebratenen Speck bevorzugt, kann dafür hauchdünn geschnittene italienische Pancetta (oder geräucherten Frühstücksspeck) in etwas Öl knusprig braten und auf Küchenpapier abtropfen lassen.

Für 4 Personen • Zubereitung: 35 Minuten

500 g Muskatkürbis

3 EL Aprikosen- oder Apfelessig

3 EL Kürbiskerne

4 EL Rapsöl

2 Zweige Thymian

3 EL Preiselbeerkompott
 (aus dem Glas)

1 EL Kürbiskernöl

75 g Feldsalat oder Portulak

100 g Südtiroler Speck, hauchdünn
 geschnitten (oder gebratene
 Pancetta oder Frühstücksspeck)

Salz und Pfeffer aus der Mühle

1 Den Kürbis schälen, halbieren und entkernen. Das Fruchtfleisch mit einem Gemüsehobel (oder einem großen, scharfen Messer) in sehr dünne Scheiben schneiden. In einer Schüssel leicht salzen und mit 2 EL Essig beträufeln. Mindestens 15 Minuten (besser 1 Stunde oder länger) ziehen lassen.

2 Inzwischen die Kürbiskerne mit ½ TL Rapsöl in einer Pfanne rösten, bis sie zu springen beginnen. Herausnehmen und leicht salzen. Die Thymianblättchen von den Zweigen zupfen und hacken. Den restlichen Essig mit 1 TL Preiselbeerkompott verrühren, salzen und pfeffern. Kürbiskernöl, gehackte Thymianblättchen und das restliche Rapsöl zufügen und alles zu einer Marinade verrühren, abschmecken.

3 Den Feldsalat leicht salzen und mit 2 EL der Marinade mischen. Die Kürbisscheiben großzügig auf Teller verteilen, pfeffern und mit der restlichen Marinade beträufeln. Feldsalat, Kürbiskerne und Speckscheiben auf dem Kürbis anrichten. Mit dem restlichen Preiselbeerkompott garnieren und servieren.

Erdäpfelkas mit Speck und Roggenbrot

Brot-aufstrich

Sehr beliebt ist dieser Brotaufstrich aus Kartoffeln (Erdäpfeln) in der ländlichen Küche Niederbayerns und Österreichs. Der Name führt allerdings auf die falsche Spur, ähnlich wie beim Leberkäs – Käse enthält das Rezept nicht.

Für 4 Personen • Zubereitung: 25 Minuten

400 g mehligkochende Kartoffeln

2 Zwiebeln

1 Bund Schnittlauch

300 g saure Sahne

4–6 EL Sahne oder Milch

Paprikapulver edelsüß

gemahlener Kümmel

8 Scheiben Roggenbrot

4 weiche getrocknete Pflaumen

125 g geräucherter Südtiroler Speck

Salz und Pfeffer aus der Mühle

1 Die Kartoffeln in kochendem Salzwasser 10–15 Minuten garen. In der Zwischenzeit die Zwiebeln schälen, halbieren und fein würfeln. Den Schnittlauch in feine Röllchen schneiden.

2 Die Kartoffeln abgießen, schälen und mit einer Gabel oder einem Kartoffelstampfer grob pürieren. Mit Zwiebelwürfeln, Schnittlauchröllchen, saurer Sahne und Sahne mischen. Die Masse mit Salz, Pfeffer, Paprikapulver und gemahlenem Kümmel kräftig abschmecken, dann noch einmal gut mischen, bis sie streichfähig ist.

3 Den Erdäpfelkas auf die Brotscheiben streichen. Die Pflaumen in dünne Scheiben schneiden und auf den Broten verteilen. Den Speck quer in dünne Scheiben schneiden. Zu oder auf den Broten servieren.

Varianten:

Für *Topfenkas* zusätzlich 250 g Quark unter 200 g Kartoffeln und die restlichen Zutaten mischen. Für *Kürbiskas* den Backofen auf 175 °C (Ober-/Unterhitze) bzw. 160 °C (Umluft) vorheizen. 1 kleinen Hokkaidokürbis (ca. 1 kg) halbieren, entkernen und in Spalten schneiden. Auf einem mit Backpapier ausgelegten Backblech verteilen und im heißen Ofen auf der mittleren Schiene etwa 40 Minuten garen. Den Kürbis abkühlen lassen und pürieren. Mit 1 Bund in Röllchen geschnittenem Schnittlauch, 200 g Frischkäse und 150 g Crème fraîche verrühren und mit Salz, Pfeffer und gemahlenem Kümmel kräftig abschmecken.

Fisolensalat mit Ei, Kartoffeln, Sauerrahm und Dill

Vegetarisch

Grüne Bohnen heißen in Österreich Fisolen, der Salat schmeckt natürlich auch mit bayerischen oder sogar mit sizilianischen Bohnen. Breit dürfen sie sein oder schmal, dick oder dünn – Hauptsache, sie sind knackig frisch und grün.

Für 4 Personen • Zubereitung: 25 Minuten

150 g junge Zwiebeln oder
  Frühlingszwiebeln

400 g kleine festkochende
  Kartoffeln

1 TL Kümmelsamen

4 Eier

500 g grüne Bohnen

½ Bund Dill

150 g saure Sahne

2 EL Mayonnaise

1–2 TL scharfer Senf

Salz und Pfeffer aus der Mühle

1 Die Zwiebeln schälen und in dünne Ringe schneiden, dann salzen, leicht zerdrücken und beiseitestellen. Die Kartoffeln mit den Kümmelsamen in kochendem Salzwasser 15–20 Minuten garen.

2 In der Zwischenzeit die Eier in kochendem Salzwasser in etwa 10 Minuten hart kochen und die grünen Bohnen ebenfalls in kochendem Salzwasser bissfest garen (das dauert je nach Sorte und Dicke 5–10 Minuten). Die Eier abschrecken, pellen und fein hacken, die Bohnen abgießen, abschrecken und abtropfen lassen. Den Dill hacken.

3 Die Kartoffeln abgießen, nach Belieben schälen und in dicke Scheiben schneiden. Die gehackten Eier mit saurer Sahne, Mayonnaise, Senf und 1 EL Wasser verrühren und mit Salz und Pfeffer würzen. Zwiebeln, Kartoffeln und Bohnen vorsichtig mit dem Dressing mischen. Den Fisolensalat auf Tellern anrichten, mit dem gehackten Dill bestreuen und lauwarm oder kalt servieren.

Variante:

Für einen besonders feinen *Rote-Bete-Salat* ohne die übliche Essigmarinade 1 kg Rote-Bete-Knollen eng nebeneinander in eine passende Auflaufform legen und mit Alufolie abdecken. Falls kleine, zarte Blätter an den Beten waren, diese aufheben (oder 1 Handvoll Babyleaf-Salat kaufen – das sind oft ganz kleine Mangold- oder Rote-Bete-Pflänzchen). Die Knollen im Backofen bei 200 °C (Ober-/Unterhitze) bzw. 180 °C (Umluft) auf der mittleren Schiene knapp 1 Stunde garen. Herausnehmen, leicht abkühlen lassen und schälen. Die Roten Beten mit einem scharfen Messer (oder einem Gemüsehobel) in hauchdünne Scheiben schneiden und ohne Kartoffeln und grüne Bohnen, aber mit Zwiebeln und Ei-Sahne-Dressing als Salat anrichten. Den Salat mit den Rote-Bete-Blättchen bestreuen und servieren.

Randencarpaccio mit Bachkresse-Schmand

Vegetarisch

Zum Carpaccio aus Randen, wie Rote Beten in der Schweiz heißen, passen dünne Scheiben geräucherte Entenbrust oder knusprig gebratene Hähnchenbrust sehr gut. Besonders hübsch wird das Carpaccio mit Ringelbete. Manchmal findet man die Sorte Tonda di Chioggia auf dem Markt, die Samen gibt es jederzeit im Saatguthandel. Oder Sie mischen die Roten Beten einfach mit Weißen und Gelben Beten, Möhren und Pastinaken.

Für 4 Personen • Zubereitung: 30 Minuten + 30 Minuten Ruhezeit

400 g Rote oder bunte Bete

2 kleine rote Zwiebeln

½ Bio-Orange

½ Bio-Zitrone

3 EL Rapsöl und Öl für die
 Pinienkerne

1 EL Pinienkerne oder Zirbelnüsse
 (siehe Tipp)

150 g Schmand oder saure Sahne

1 Bund Bachkresse (Brunnenkresse)
 oder Petersilie

Salz und Pfeffer aus der Mühle

1 Die Rote-Bete-Knollen schälen und mit einem Gemüsehobel in hauchdünne Scheiben schneiden (große Knollen zuvor längs halbieren). Die Zwiebeln schälen und klein würfeln. Orange und Zitrone heiß waschen und abtrocknen. Die Schalen fein abreiben und den Saft auspressen. Zitrusschale und Zitronensaft beiseitestellen. Den Orangensaft kräftig mit Salz und Pfeffer würzen und mit dem Rapsöl verrühren. Rote-Bete-Scheiben und Zwiebelwürfel etwa 30 Minuten in der Sauce marinieren.

2 In der Zwischenzeit die Pinienkerne mit einigen Tropfen Öl in eine Pfanne geben und hellbraun rösten. Kurz auskühlen lassen, grob hacken, mit der Zitrusschale mischen und leicht salzen. Den Schmand mit dem Zitronensaft glatt rühren und mit Salz und Pfeffer abschmecken. Die Bachkresse grob hacken und unterrühren.

3 Die marinierten Rote-Bete-Scheiben auf Teller verteilen. Das Randencarpaccio mit dem Bachkresse-Sauerrahm garnieren, mit der Pinienkernmischung bestreuen und servieren.

Tipp:

Die Zirbelkiefer oder Arve ist die alpine Verwandte der mediterranen Schirmpinie – nur ohne Schirm. Wo sie wächst, werden ihre Samen genauso verwendet wie Pinienkerne, durch die sie im Rest der Welt sehr gut zu ersetzen sind.

Endiviensalat mit geschmälzten Zwiebeln

Schnell

Zu diesem deftigen Wintersalat passen geräucherte Fischfilets oder auch das ganz und gar nicht alpine Matjesfilet sowie gehackte Kräuter wie Kerbel oder Dill. Und, wie könnte es anders sein: geröstete Speckstreifen.

Für 4 Personen • Zubereitung: 20 Minuten

1 Endiviensalat

50 g Walnusskerne

50 g trockenes Weißbrot

125 g Gänse- oder Schweineschmalz (oder 100 ml Rapsöl)

1 Apfel

3–4 EL Apfelessig

200 g Zwiebeln

1 Knoblauchzehe

1 TL Kümmelsamen

Salz und Pfeffer aus der Mühle

1 Den Endiviensalat putzen, die Blätter in dünne Streifen schneiden und in eine Schüssel geben. Die Walnusskerne grob hacken. Das Weißbrot mit den Händen oder im Blitzhacker grob zerbröseln. 1 EL Gänseschmalz in einer Pfanne zerlassen, Nüsse und Brotbrösel darin unter häufigem Rühren goldbraun rösten. Leicht salzen, auf einen Teller geben und abkühlen lassen. Den Apfel schälen, vierteln, vom Kerngehäuse befreien und die Viertel quer in dünne Scheiben schneiden. Die Apfelscheibchen mit einigen Tropfen Apfelessig beträufeln.

2 Die Zwiebeln schälen, halbieren und nicht zu fein würfeln. Das restliche Gänseschmalz in einem kleinen Topf zerlassen und die Zwiebeln darin bei schwacher bis mittlerer Hitze braten, bis sie fast weich und leicht gebräunt sind.

3 In der Zwischenzeit die Knoblauchzehe schälen und mit den Kümmelsamen hacken. Zu den Zwiebeln geben und kurz anrösten, mit dem restlichen Apfelessig ablöschen und vom Herd nehmen. Die Zwiebelmischung mit Salz und Pfeffer abschmecken.

4 Den Endiviensalat mit den Apfelscheiben und den geschmälzten Zwiebeln mischen, mit der Nuss-Brösel-Mischung bestreuen und sofort servieren.

Krautsalat mit Räucherlachs

Für 4 Personen • Zubereitung: 40 Minuten

Für den Salat:

1 kleiner Spitzkohl oder Weißkohl
(ca. 750 g)

1 Msp. gemahlener Kümmel

1 Zwiebel

2 EL Rapsöl

2 EL Weißweinessig

200 g Räucherlachs (oder anderes
Räucherfischfilet)

Salz und Pfeffer aus der Mühle

Für das Dressing:

3 EL Senf (oder Dijonsenf)

2 EL flüssiger Honig

2 EL Weißweinessig

120 ml Rapsöl

1 Bund Dill

Salz und Pfeffer aus der Mühle

1 Für den Salat den Spitzkohl vierteln und den Strunk entfernen, die Viertel in dünne Streifen schneiden oder hobeln. In einer Schüssel mit Salz, Pfeffer und gemahlenem Kümmel mischen und leicht einstampfen. Die Zwiebel schälen und würfeln. Das Rapsöl in einer Pfanne erhitzen, die Zwiebelwürfel darin 3 Minuten anschwitzen und mit dem Weißweinessig ablöschen. Die Kohlstreifen mit den heißen Zwiebelwürfeln mischen und zugedeckt 30 Minuten ziehen lassen.

2 Inzwischen für das Dressing Senf, Honig und Weinessig verrühren, mit Salz und Pfeffer kräftig würzen. Das Rapsöl ähnlich wie für eine Mayonnaise nach und nach unterschlagen (am besten mit dem Stabmixer). Den Dill fein hacken und unter die Sauce rühren. Das Dressing abschmecken.

3 Den Räucherlachs mit einem scharfen Messer in breite Scheiben schneiden. Die Kohlstreifen mit dem Dressing mischen. Den Krautsalat mit dem Räucherlachs auf Tellern anrichten und servieren.

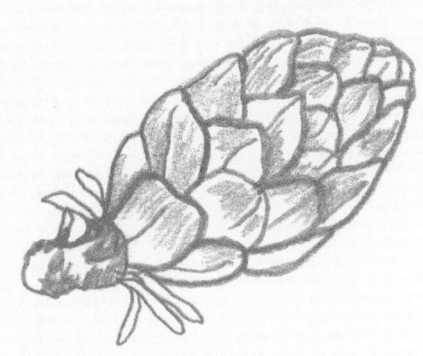

Plain in pigna

Der traditionelle Kartoffelkuchen aus Graubünden und dem Engadin wurde früher in einer großen Form über der Glut oder auf dem Blech im Ofen gebacken, wörtlich übersetzt bedeutet der Name »voll im Ofen«. Für die feine Variante als Schweizer Kartoffeltörtchen geben Äpfel und Dill dem Grundrezept einen frisch-säuerlichen Akzent.

Für 4 Personen • Zubereitung: 15 Minuten + 40 Minuten Backzeit

Für die Törtchen:

2 Zwiebeln

100 g Salsiz, Bündner Fleisch oder
   Räucherspeck

600 g vorwiegend festkochende
   Kartoffeln

1 EL Polenta

75 g weiche Butter und Butter für
   die Förmchen

frisch geriebene Muskatnuss

Salz

Für die Äpfel:

½ Bund Dill

2 Äpfel

30 g Butter

Pfeffer aus der Mühle

1 Den Backofen auf 190 °C (Ober-/Unterhitze) bzw. 170 °C (Umluft) vorheizen. Für die Törtchen die Zwiebeln schälen, das Salsiz pellen und beides klein würfeln. Die Kartoffeln schälen und in eine Schüssel reiben. Mit Zwiebel- und Salsizwürfeln, Polenta und 75 g Butter gut mischen. Die Masse mit Salz und Muskatnuss würzen. 4 kleine Auflaufformen oder die Vertiefungen einer Muffinform leicht mit Butter einfetten und mit der Kartoffelmasse füllen. Im heißen Ofen auf der mittleren Schiene in etwa 40 Minuten goldbraun backen.

2 Inzwischen den Dill hacken. Die Äpfel schälen, vierteln, vom Kerngehäuse befreien und in Spalten schneiden. Die Butter in einer Pfanne zerlassen und die Apfelspalten darin in 3–4 Minuten hellbraun braten. Mit Pfeffer und Dill würzen.

3 Die Kartoffeltörtchen aus dem Ofen nehmen und kurz in der Form ruhen lassen. Die Törtchen mit den Apfelspalten auf Teller verteilen und servieren.

Tipp:

Zu diesem Gericht passt ein *winterlicher Salat*: 1 Apfel ungeschält vierteln, vom Kerngehäuse befreien und in dünne Spalten schneiden. 1 Bio-Zitrone heiß waschen, abtrocknen, die Schale fein abreiben und den Saft auspressen. Die Blättchen von 4 Stängeln Petersilie zupfen und hacken. Zitronenschale und -saft mit 1 TL scharfem Senf, 2 TL Quittengelee und der gehackten Petersilie in ein hohes Gefäß füllen. Salzen, pfeffern und mit dem Stabmixer pürieren. Nach und nach 1–2 EL Wasser und 4 EL Öl zufügen, bis eine cremige Sauce entsteht. 1 kleinen Endiviensalat grob zerteilen, mit den Apfelschnitzen und der Sauce in eine Schüssel geben, gut mischen und servieren.

Chrut Gipfeli

Sie sind in der Brotzeitbox zu Hause und gleichzeitig sehr party-tauglich: die Schweizer Teigtaschen mit Krautfüllung. Ohne Salsiz oder Speck schmecken sie natürlich anders, aber genauso gut! Mit einem frischen Salat wird daraus ein wunderbares Mittagessen.

Für 4 Personen (12 Stück) • Zubereitung: 35 Minuten + 1 Stunde Ruhezeit + 25 Minuten Backzeit

Für den Teig:

300 g Mehl und Mehl zum Ausrollen

Salz

100 g Butterschmalz

100 ml Milch

Kümmelsamen und Fleur de Sel zum
  Bestreuen

Für die Füllung:

500 g Spitzkohl oder Weißkohl

100 g Salsiz, Pancetta oder
  Räucherspeckwürfel

2 EL Butter

4 EL Bier

1 Bund Petersilie

100 g Tomme Vaudoise (Schweizer
  Weichkäse) oder Camembert

2 EL geriebener Bergkäse (z. B.
  Sbrinz, Greyerzer oder Allgäuer
  Bergkäse)

Salz und Pfeffer aus der Mühle

1 Für den Teig Mehl und 1 kräftige Prise Salz in eine Schüssel geben. Butterschmalz, Milch und 100 ml Wasser aufkochen, über das Mehl gießen und alles mit einem Kochlöffel zu einem glatten Teig verrühren. Abdecken und etwa 1 Stunde kalt stellen.

2 In der Zwischenzeit für die Füllung den Spitzkohl vierteln, den Strunk entfernen und die Blätter in dünne Streifen schneiden. Das Salsiz pellen und klein würfeln. Die Butter in einem Topf zerlassen. Kohlstreifen und Salsizwürfel zufügen, salzen, pfeffern und zugedeckt 5 Minuten dünsten. Mit dem Bier ablöschen und ohne Deckel weitere 5 Minuten garen, bis die Flüssigkeit fast vollständig eingekocht ist. Den Kohl abschmecken und abkühlen lassen. Die Petersilienblättchen von den Stängeln zupfen und hacken, den Tomme Vaudoise würfeln und beides zusammen mit dem geriebenen Bergkäse unter den Kohl mischen.

3 Den Backofen auf 200 °C (Ober-/Unterhitze) bzw. 180 °C (Umluft) vorheizen. Den Teig auf der mit Mehl bestäubten Arbeitsfläche 2 mm dünn ausrollen (ca. 36 x 48 cm). 12 Quadrate (à 10–12 cm Kantenlänge) ausschneiden. In die Mitte jedes Teigquadrats 1 gehäuften EL der Füllung geben, die Teigränder mit Wasser bestreichen und die Quadrate zu Dreiecken falten. Die Teigränder mit einer Gabel aneinanderdrücken oder mit einem gezackten Teigrad zurechtschneiden.

4 Die Chrut Gipfeli auf ein mit Backpapier ausgelegtes Backblech legen, mit Wasser bestreichen und mit Kümmelsamen und Fleur de Sel bestreuen. Im heißen Ofen auf der zweiten Schiene von unten in 22–25 Minuten goldbraun backen. Warm oder kalt servieren.

Vegan

Kartoffelsalat mit Waldpilzen

Für 4 Personen • Zubereitung: 35 Minuten

600 g festkochende Kartoffeln

1 TL Kümmelsamen

1 Kohlrabi

3 Frühlingszwiebeln

300 ml Gemüsebrühe

1 EL Senf

4 EL Weißweinessig

4 EL Rapsöl

200 g Waldpilze (im Sommer
 Pfifferlinge)

je 1 Bund Schnittlauch und Dill

Salz und Pfeffer aus der Mühle

1 Die Kartoffeln mit 1 gehäuften Msp. Salz und dem Kümmel in reichlich kochendem Wasser 20 Minuten garen. In der Zwischenzeit den Kohlrabi schälen, vierteln und in hauchdünne Scheiben schneiden oder hobeln. Die Frühlingszwiebeln in feine Ringe schneiden, den dunkelgrünen Teil beiseitestellen. Die Gemüsebrühe aufkochen und über die Kohlrabischeiben und den hellen Teil der Frühlingszwiebelringe gießen.

2 Die Kartoffeln abgießen, kurz ausdampfen lassen, schälen und in Scheiben in die Brühe schneiden. Senf, Weißweinessig und 2 EL Rapsöl verrühren, zugeben und untermischen. Mit Salz und Pfeffer kräftig würzen und mindestens 10 Minuten ziehen lassen.

3 Die Pilze putzen (nur wenn unbedingt nötig kurz waschen und mit einem Küchentuch gut abtrocknen), große Pilze vierteln oder in dicke Scheiben schneiden. Das restliche Rapsöl in einer Pfanne stark erhitzen und die Pilze darin 5 Minuten braten. Währenddessen den Dill hacken und den Schnittlauch in feine Röllchen schneiden.

4 Die Pilze mit Salz und Pfeffer würzen und heiß mit den Kräutern und dem dunkelgrünen Teil der Frühlingszwiebelringe unter die Kartoffelscheiben mischen. Den Kartoffelsalat abschmecken und servieren.

Tipp:

Wenn es gerade keine Waldpilze gibt, 1 Bund Radieschen in hauchdünne Scheiben schneiden und mit 1 Handvoll Babyspinat oder Rucola unter die Kartoffelscheiben mischen.

Rindfleischsalat

Für 4 Personen • Zubereitung: 25 Minuten

500 g gekochtes Rindfleisch (z. B.
 Suppenfleisch, Bratenreste oder
 Tafelspitz, siehe Tipp)
2 rote Zwiebeln
1 EL Weißweinessig
1 Salatgurke
2–3 Essiggurken
100 g Feldsalat oder anderer
 Blattsalat
3 EL Kürbiskerne
Öl zum Rösten
Salz

Für das Dressing:
2 EL Weißweinessig
1 TL scharfer Senf
1 EL Mayonnaise (nach Belieben)
4 EL Rinderbrühe (am besten leicht
 geliert, siehe Tipp)
2 EL Kürbiskernöl
Salz und Pfeffer aus der Mühle

1 Das Rindfleisch erst in dünne Scheiben, dann in Streifen schneiden. Die Zwiebeln schälen und in dünne Ringe schneiden, in einer Schüssel leicht salzen und mit dem Weißweinessig mischen. Die Salatgurke schälen, längs vierteln, die Kerne mit einem Teelöffel herausschaben und die Viertel quer in Scheiben schneiden. Die Essiggurken klein würfeln. Den Feldsalat und die Salatzutaten bis auf die Kürbiskerne in eine Schüssel geben.

2 Für das Dressing alle Zutaten bis auf das Kürbiskernöl gut verrühren und mit Salz und Pfeffer kräftig würzen, dann das Öl unterrühren.

3 Die Kürbiskerne mit ein paar Tropfen Öl in einer Pfanne rösten, bis sie springen, dann in ein Schälchen geben und leicht salzen. Die Salatzutaten vorsichtig mit dem Dressing mischen. Den Rindfleischsalat auf Tellern anrichten und mit den gerösteten Kürbiskernen bestreut servieren.

Tipp:

Besonders aromatisch wird Rinderbrühe, wenn Sie Tafelspitz zusammen mit einem Kalbsfuß kochen. Dafür 2 Zwiebeln halbieren und mit der Schnittfläche nach unten in einer mit Alufolie ausgelegten Pfanne bei starker Hitze in 5 Minuten fast schwarz rösten. 4 Knoblauchzehen, 2 Möhren und 1 Petersilienwurzel schälen und grob würfeln. 800 g Kalbsfuß (vom Metzger in Scheiben gesägt) mit den Zwiebeln in einen Topf geben, mit 1,5 l Wasser bedecken, aufkochen und bei schwacher Hitze 30 Minuten köcheln lassen, dabei den aufsteigenden Schaum abschöpfen. 800 g Tafelspitz und nach 2 Stunden das Gemüse zugeben, alles kräftig mit Salz und Pfeffer würzen. Die Stängel von 1 Bund Petersilie in die Brühe geben. Etwa 1 Stunde bei schwacher Hitze kochen, dann vom Herd nehmen und 30 Minuten ziehen lassen. Die Brühe durch ein feines Sieb in eine Schüssel gießen. Den Tafelspitz mit etwas Brühe, Salzkartoffeln und geriebenem Meerrettich servieren oder abkühlen lassen und für den Salat verwenden, zusammen mit den Petersilienblättchen. Nach Belieben das Fleisch vom Kalbsfußknochen lösen und ebenfalls in den Salat geben. Die restliche Rinderbrühe einfrieren.

Suppen

Klare Kürbissuppe mit Maroni

Vegetarisch

Für 4 Personen • Zubereitung: 20 Minuten + 15 Minuten Garzeit

400 g Hokkaidokürbis oder Butter-
nusskürbis oder Muskatkürbis

200 g Suppengemüse (z. B. 100 g
Knollensellerie oder 2 Stangen
Staudensellerie und ½ Stange
Lauch, keine Möhren)

1 Zwiebel

1 Apfel

200 g vorgegarte Esskastanien

2 EL Butter

1 TL Currypulver

1 Zweig Thymian

100 ml Weißwein

1,25 l Gemüsebrühe

4 EL geriebener mittelalter
Bergkäse

Salz und Pfeffer aus der Mühle

1 Den Kürbis schälen (beim Hokkaido unnötig), halbieren und entkernen. Mit einem Messer in etwa 2 cm große Würfel schneiden.

2 Das Gemüse wenn nötig schälen, dann klein schneiden. Die Zwiebel schälen, halbieren und in Streifen schneiden. Den Apfel schälen, vierteln, vom Kerngehäuse befreien und in Scheiben schneiden. Die Esskastanien sehr grob hacken.

3 Die Butter in einem Topf zerlassen. Kürbiswürfel, Gemüsestücke, Zwiebelstreifen und Apfelscheiben zufügen, mit Salz, Pfeffer und Curry würzen und zugedeckt bei schwacher Hitze 5 Minuten dünsten. Den Thymian zugeben und weitere 5 Minuten zugedeckt dünsten, dann die Esskastanien zufügen, mit dem Weißwein ablöschen, mit der Gemüsebrühe aufgießen und aufkochen. Die Suppe etwa 15 Minuten köcheln lassen, bis das Gemüse weich ist.

4 Die Kürbissuppe abschmecken, auf tiefe Teller verteilen, mit dem geriebenen Bergkäse bestreuen und servieren.

Tipp:

Das Entkernen von Kürbissen gelingt mit einem Butterroller noch besser als mit einem Esslöffel – auch bei Halloweenkürbissen.

Variante:

Für eine *Klare Waldpilzsuppe* den Kürbis durch Kartoffelwürfel und die Esskastanien durch 250 g Waldpilze ersetzen. Die Pilze putzen und größere Exemplare vierteln oder in dicke Scheiben schneiden. 2 EL Rapsöl in einer Pfanne erhitzen und die Pilze darin bei starker Hitze 3 Minuten braten. Die gebratenen Pilze in die fertige Suppe geben, die Suppe aufkochen und die Pilze darin vor dem Servieren ein paar Minuten ziehen lassen.

Überbackene Chässuppe

Diese Suppe ähnelt dem französischen Klassiker, nur dass sie mit Vacherin einfach noch besser schmeckt. Der Fenchel sorgt für feines Extra-Aroma.

Für 4 Personen • Zubereitung: 30 Minuten + 10 Minuten Backzeit

200 g altbackene Brötchen oder
 trockenes Weißbrot

4 EL Rapsöl

75 g geräucherter Bauchspeck,
 in Scheiben geschnitten oder
 gewürfelt

4 Zwiebeln oder 2 Fenchelknollen

1 Bund Petersilie

4 Zweige Majoran oder Oregano

250 g Vacherin Mont d'Or (Schweizer
 Weichkäse, oder Bergkäse)

1 l Gemüse- oder Rinderbrühe

1–2 TL Zitronensaft

1 Die Brötchen in dünne Scheiben schneiden. 2 EL Rapsöl in einer Pfanne erhitzen und die Speckscheiben darin knusprig braten. Aus der Pfanne nehmen und auf Küchenpapier abtropfen lassen. Die Brötchenscheiben im Speckfett von beiden Seiten goldbraun braten, herausnehmen und zum Speck legen.

2 Die Zwiebeln schälen, halbieren und in dünne Streifen schneiden (oder den Fenchel halbieren und in dünne Scheiben schneiden). Das restliche Rapsöl erhitzen und die Zwiebeln darin 6–8 Minuten anschwitzen. Die Kräuterblättchen von den Stängeln bzw. Zweigen zupfen, hacken und zufügen. Mit Salz und Pfeffer würzen. Den gebratenen Speck zugeben und alles zugedeckt einige Minuten ziehen lassen. Den Deckel vom Vacherin abschneiden (oder den Bergkäse reiben).

3 Den Backofen auf 240 °C (Ober-/Unterhitze) bzw. 220 °C (Umluft) vorheizen. Die Zwiebel-Speck-Mischung abwechselnd mit den Brötchenscheiben und dem Käse in ofenfeste Suppenterrinen oder kleine Auflaufformen mit hohem Rand schichten. Dabei den Vacherin mit einem Teelöffel aus der Form löffeln und auf den anderen Zutaten verteilen (oder mit dem Bergkäse bestreuen), ein wenig Käse aufheben. Die Gemüsebrühe aufkochen, mit etwas Zitronensaft abschmecken und in die Formen füllen. Zum Schluss etwas Käse auf die Suppe in jeder Form geben.

4 Die Chässuppe im heißen Ofen auf der mittleren Schiene in 10 Minuten goldbraun überbacken und heiß servieren.

Vegetarisch

Erbsäsuppe mit Krautstiel

Das bekannteste Rezept für Schweizer Krautstiel (in Deutschland auch Mangold genannt) sind Capuns aus Graubünden. Vereinfacht gesagt ist das eine Art Spätzleteig, im Mangoldblatt gegart und mit Bergkäse überbacken. Die Erbsäsuppe kann man auch mit Spinat oder Stielmus machen, so schmeckt sie immer ein bisschen anders.

Für 4 Personen • Zubereitung: 20 Minuten + 1 Stunde Garzeit + Einweichzeit

2 Zwiebeln

3 Knoblauchzehen

6 EL Olivenöl

200 g mehligkochende Kartoffeln

150 g getrocknete geschälte
 Erbsen, über Nacht in Wasser
 eingeweicht

1,25 l Gemüsebrühe

½ Bund Petersilie

400 g Krautstiel (kleiner Mangold
 mit schmalen Stielen) oder
 Wurzelspinat

50 g mittelalter Bergkäse, Trentingrana oder Parmesan (nach
 Belieben)

Salz und Pfeffer aus der Mühle

1 Zwiebeln und 2 Knoblauchzehen schälen und fein würfeln. 2 EL Olivenöl in einem Topf erhitzen, Zwiebel- und Knoblauchwürfel darin 5 Minuten anschwitzen. In der Zwischenzeit die Kartoffeln schälen und in Stücke schneiden. Die Erbsen abgießen und mit den Kartoffeln in den Topf geben. Mit der Brühe aufgießen und etwa 1 Stunde ohne Deckel garen. Gegen Ende der Garzeit die Petersilienblättchen von den Stängeln zupfen und in die Suppe geben.

2 In der Zwischenzeit das Kraut-stiel waschen und gut abtropfen lassen, große Blätter in breite Streifen schneiden. Die übrig ge-bliebene Knoblauchzehe schälen und leicht zerdrücken. 2 EL Olivenöl in einer großen Pfanne erhitzen und den Knoblauch darin kurz anschwit-zen. Das Krautstiel zufügen und 2–3 Minuten braten, dann mit Salz und Pfeffer würzen.

3 Die Suppe im Mixer oder mit dem Stabmixer fein pürieren, mit Salz und Pfeffer kräftig abschmecken. Den Bergkäse reiben. Die Suppe mit dem Krautstiel anrichten, mit dem rest-lichen Olivenöl beträufeln und nach Belieben mit geriebenem Bergkäse bestreuen. Die Erbsäsuppe heiß servieren. Dazu passt Röstbrot.

Kräutersuppe

Für 4 Personen • Zubereitung: 35 Minuten

1 Zwiebel

150 g festkochende Kartoffeln

1 Bund Suppengrün (ca. 300 g)

1 EL Rapsöl

1,25 l Hühner- oder Gemüsebrühe

4 Eier

1 Bund Wild- bzw. Frühlingskräuter
(z. B. Bärlauch, Brennnessel, Brunnenkresse, junge Erdbeerblätter,
Gänseblümchen, Giersch, Gunder-
mann, Löwenzahn und Sauerampfer oder Grüne-Sauce-Kräuter)

1 EL Kräuteressig

50 g Hartkäse (z. B. Trentingrana,
Sbrinz, Parmesan)

Salz und Pfeffer aus der Mühle

1 Zwiebel, Kartoffeln und Suppengrün wenn nötig schälen und halbieren, dann klein schneiden. Das
Rapsöl in einem Topf erhitzen und
das Gemüse darin 2 Minuten braten,
dabei mit Salz und Pfeffer kräftig
würzen. Mit der Hühnerbrühe aufgießen und etwa 15 Minuten kochen, bis das Gemüse weich ist.

2 In der Zwischenzeit die Eier in
kochendem Wasser 5 Minuten
wachsweich garen, abschrecken
und vorsichtig pellen. Die Kräuterblättchen von den Stängeln zupfen
und in die Suppe geben. Die Suppe
im Mixer oder mit dem Stabmixer
pürieren und mit dem Kräuteressig
abschmecken. Mit den gekochten
Eiern auf tiefe Teller verteilen. Den
Hartkäse darüberhobeln oder
-reiben und die Kräutersuppe
servieren. Dazu passen geröstete
Scheiben Vinschgerl (Südtiroler
Fladenbrötchen) oder Roggenbrot
mit Butter und Salz.

Tipp:

Für eine traditionelle *Kärntner
Kirchtagssuppe* (für 8 Personen)
2 ungeschälte Zwiebeln halbieren
und in einem großen Topf rösten,
bis die Schnittflächen schwarz
sind. 4 l Wasser in den Topf geben
und mit 500 g Suppenfleisch, 500
g Suppenknochen und 500 g Rauch-
fleisch aufkochen. Den aufsteigenden Schaum abschöpfen und das
Fleisch 1 Stunde bei schwacher
Hitze köcheln lassen. 1 Suppenhuhn
zugeben, aufkochen und abschäumen. 4 Gewürznelken, 1 TL Piment-
und 1 TL Pfefferkörner im Mörser
grob zerstoßen, mit 1 EL Salz und
½ Zimtstange in die Brühe geben,
weitere 30 Minuten köcheln lassen.
In der Zwischenzeit 125 ml Weißwein aufkochen, über 2 Döschen
Safranfäden gießen und ziehen
lassen. Die Blättchen von ½ Bund
Estragon zupfen. 5 ungeschälte
Knoblauchzehen zerdrücken, 4 cm
frische Ingwerwurzel schälen und
in Scheiben schneiden. Knoblauch,
Ingwer und Estragon in die Brühe
geben, erneut 30 Minuten köcheln
lassen. 800 g Wurzelgemüse schälen
und klein würfeln. Die Brühe durch
ein feines Sieb oder Passiertuch in
einen sauberen Topf gießen, das
Fleisch ablösen und klein würfeln.
Fleisch, Wurzelgemüse, Safranwein
und 500 g Crème fraîche in die
Brühe geben. Die Kirchtagssuppe
in 10–15 Minuten fertig garen, mit
1–2 EL Essig säuerlich abschmecken und servieren.

Brotsuppe mit Röstzwiebeln und Blunzen

Für 4 Personen • Zubereitung: 20 Minuten

1 Bund Suppengrün

1 l Rinder- oder Gemüsebrühe

200 g trockenes Bauernbrot

2 Zwiebeln

1 Birne oder 1 Apfel

2 EL Butterschmalz oder neutrales
 Pflanzenöl

2 Zweige Thymian

Kümmelsamen

150 g grobe Blutwurst oder grobe
 Leberwurst

Salz und Pfeffer aus der Mühle

1 Das Suppengrün-Gemüse wenn nötig schälen, dann sehr klein schneiden. Die Suppengrün-Petersilie hacken und beiseitestellen (siehe Tipp). Das klein geschnittene Gemüse mit der Rinderbrühe in einem Topf aufkochen, salzen und 5 Minuten kochen lassen, dann vom Herd nehmen.

2 Das Bauernbrot zuerst in sehr dünne Scheiben, dann in etwa 3 cm große Stücke schneiden. Die Brotstücke in einer Pfanne ohne Fett von beiden Seiten in 4 Minuten knusprig rösten, dann auf tiefe Teller verteilen.

3 Zwiebeln und Birne schälen, halbieren, die Birne vom Kerngehäuse befreien und alles in Spalten schneiden. Das Butterschmalz in einer Pfanne zerlassen. Zwiebel- und Birnenspalten mit den Thymianzweigen hineingeben und unter häufigem Rühren in 6–8 Minuten goldbraun braten. Mit Salz, Pfeffer und Kümmel würzen. Die Zwiebel-Birne-Mischung über dem gerösteten Brot verteilen.

4 Die Blutwurst in 8 Scheiben schneiden und in der Zwiebelpfanne kurz anbraten, vorsichtig wenden und ganz kurz weiterbraten. Die Blutwurstscheiben vorsichtig aus der Pfanne heben und je 2 Scheiben in die Teller legen. Die Brühe mit dem Gemüse nochmals aufkochen und darüberschöpfen. Die Brotsuppe mit der gehackten Petersilie bestreuen, kurz ziehen lassen und servieren.

Tipp:

Falls die Petersilie aus dem Suppengrün nicht mehr ganz frisch ist, einfach hacken und mit dem Gemüse mitgaren. Dafür nach Belieben zum Schluss Schnittlauchröllchen auf die Suppe streuen.

Krennockerl

Suppen-einlagen

Für 4 Personen • Zubereitung: 15 Minuten

50 g Butter
1 Stück frische Meerrettichwurzel
  (50 g) oder geriebener Meerrettich
  aus dem Glas
2 Eier
100 g doppelgriffiges Mehl (z. B. Wiener
  Griessler oder Spätzlemehl)
frisch geriebene Muskatnuss
Salz

Die Butter in einem kleinen Topf zerlassen, vom Herd nehmen und leicht abkühlen lassen. Die Meerrettichwurzel schälen und fein reiben. Butter, Eier und geriebenen Meerrettich in einer Schüssel mit dem Mehl und 1 EL Wasser verrühren, mit Salz und Muskatnuss würzen und mit einem Kochlöffel zu einem zähflüssigen Teig schlagen (wie bei den Kasnockerln, S. 109). Den Teig mit einem Spätzlehobel oder einem nicht zu feinen Nudelsieb aus Metall in kochendes Salzwasser reiben. Sobald die Krennockerl an die Oberfläche steigen, mit einem Schaumlöffel herausheben, gut abtropfen lassen und in die gewünschte Brühe geben.

Pilzknödelchen

Für 8 Personen • Zubereitung: 15 Minuten + 30 Minuten Ruhezeit

150 g trockenes Bauernbrot, entrindet
1 EL getrocknete Steinpilze
100 ml Milch
2 Schalotten
100 g Steinpilze oder andere Waldpilze
1 Bund Petersilie
1 EL Butter
1 Ei
1 EL Mehl
frisch geriebene Muskatnuss
Salz und Pfeffer aus der Mühle

Das Bauernbrot erst in dünne Scheiben, dann in Streifen schneiden und mit den getrockneten Steinpilzen in eine Schüssel geben. Mit der Milch übergießen und zugedeckt 30 Minuten ziehen lassen. Die Schalotten schälen und fein würfeln. Die Steinpilze säubern und ebenfalls fein würfeln. Die Petersilienblättchen von den Stängeln zupfen und fein hacken. Die Butter in einer Pfanne zerlassen, Schalotten- und Pilzwürfel darin 3–4 Minuten anschwitzen. Mit der Petersilie mischen und mit der Brotmasse, dem Mehl und dem Ei verkneten. Den Knödelteig mit Salz, Pfeffer und Muskatnuss abschmecken. Aus dem Teig mit feuchten Händen kleine Knödel formen und diese in kochendem Salzwasser 5 Minuten garen. Mit einem Schaumlöffel herausheben, gut abtropfen lassen und in die gewünschte Brühe geben.

Käseklößchen

Für 8 Personen • Zubereitung: 25 Minuten

40 g Butter
125 ml Milch
125 g Mehl
3 Eier
½ Bund Schnittlauch
50 g Bergkäse
Salz

Butter und Milch mit 1 Msp. Salz in einem kleinen Topf aufkochen. Das Mehl auf einmal zugeben und rühren, bis sich der Teig vom Topfboden löst. Den Brandteig in einer Schüssel 5 Minuten abkühlen lassen. Die Eier nacheinander in den Teig rühren, bis sich die Masse gut verbindet. Den Schnittlauch in feine Röllchen schneiden, den Bergkäse reiben und zum Schluss unterziehen. Zur Verwendung als Suppeneinlage entweder kochen oder zu Teigerbsen backen: Dafür erbsengroße Teigtropfen auf ein mit Backpapier ausgelegtes Backblech setzen und im vorgeheizten Backofen bei 200 °C (Ober-/Unterhitze) bzw. 180 °C (Umluft) auf der mittleren Schiene in 7–9 Minuten goldbraun backen.

Klachlsuppe

Wo noch selbst geschlachtet wird, gibt es immer auch die ganz besonderen Köstlichkeiten. Meist aus den vermeintlich weniger edlen Teilen, die sich nicht eignen für prächtige Braten oder Schinken. In Kärnten und der Steiermark heißt die Schlachtsuppe Klachlsuppe. Variieren Sie die Fleischeinlage, je nachdem, was Ihr Metzger anbietet. Nur die feinen Rücken-, Filet- oder Keulenstücke sollten Sie meiden, die würden in der Suppe trocken und kraftlos.

Für 4 Personen • Zubereitung: 30 Minuten + 2,5 Stunden Garzeit

1 kg Schweinevorderhaxe, Schweine-
  kopf- oder Schweineschwanzstücke
  (mit Schwarte)

2 Zwiebeln

1 Bund Suppengrün

1 TL Pfefferkörner

1 TL Wacholderbeeren

½ TL Kümmelsamen

4 Zweige Thymian

1 Lorbeerblatt

2 EL Butter

1 gehäufter EL Mehl (20 g)

600 g fest- oder mehligkochende
  Kartoffeln

1–2 TL Weißweinessig

200 g saure Sahne oder Crème
  fraîche

frisch geriebene Muskatnuss

2 Frühlingszwiebeln, in feine Ringe
  geschnitten, oder ½ Bund Schnittlauch zum Garnieren

Salz und Pfeffer aus der Mühle

1 Das Schweinefleisch mit 1,5 l Wasser und 1 TL Salz in einem Topf aufkochen und bei schwacher bis mittlerer Hitze 1½ Stunden köcheln lassen, dabei den aufsteigenden Schaum abschöpfen. Die ungeschälten Zwiebeln halbieren und mit dem grob zerkleinerten Suppengrün in den Topf geben. Pfefferkörner und Wacholderbeeren schroten oder mit dem Boden einer Stielkasserole zerdrücken, mit Kümmelsamen, Thymianzweigen und Lorbeerblatt in die Brühe geben. Etwa 1 weitere Stunde kochen, bis das Fleisch weich ist.

2 Etwa 30 Minuten vor Ende der Garzeit die Butter in einem Topf zerlassen, das Mehl mit einem Schneebesen einrühren und bei schwacher Hitze unter Rühren 3 Minuten anschwitzen. Vom Herd nehmen und abkühlen lassen. Die Kartoffeln schälen, in größere Stücke schneiden und in kochendem Salzwasser in 10–15 Minuten garen.

3 Kartoffeln und Fleisch abgießen, dabei die Brühe auffangen. Den Topf mit der kalten Mehlschwitze zurück auf den Herd stellen, die heiße Brühe unter ständigem Rühren angießen und zum Kochen bringen. Mit Salz, Pfeffer und Weißweinessig kräftig säuerlich abschmecken. Bei sehr schwacher Hitze unter gelegentlichem Rühren 10 Minuten köcheln lassen, damit der Mehlgeschmack verschwindet.

4 Währenddessen Schweinefleisch und -schwarten von den Knochen lösen und in Streifen schneiden. Mit den Kartoffeln in die heiße Brühe geben, Suppengemüse und Zwiebeln entsorgen. Die saure Sahne unterrühren und die Suppe mit Muskatnuss abschmecken. Die Klachlsuppe mit den Frühlingszwiebelringen oder Schnittlauch garnieren und servieren.

Graupensuppe mit Löwenzahn

Was im Kochbuch steht, ist oft ein verstellter Blick auf den Alltag: Natürlich gibt es auf der Alm nicht jeden Tag Speck in der Graupensuppe, das schmeckt zwar gut, muss aber nicht sein. Ersetzen Sie ihn durch ein paar Kräuterzweige, zum Beispiel Thymian, und fertig ist die vegetarische Variante.

Für 4 Personen • Zubereitung: 50 Minuten

75 g Räucherspeck, in dünnen
 Scheiben

2 EL Rapsöl

125 g Graupen (Rollgerste)

1,25 l Gemüsebrühe

250 g Wurzelgemüse

200 g fest- oder mehligkochende
 Kartoffeln

2–3 Knoblauchzehen

1 große Handvoll junge Löwenzahn-
 blätter (ca. 50 g)

1 TL Zitronensaft

4 Eier

Salz und Pfeffer aus der Mühle

1 Den Speck in Streifen schneiden und mit 1 EL Rapsöl in einem Topf bei schwacher Hitze auslassen. Den Speck aus dem Topf nehmen, die Graupen hineingeben und kurz rösten. Mit der Gemüsebrühe aufgießen, aufkochen und bei schwacher Hitze etwa 40 Minuten köcheln lassen.

2 In der Zwischenzeit Wurzelgemüse, Kartoffeln und Knoblauchzehen schälen und in Scheiben schneiden. Das vorbereitete Gemüse nach 25 Minuten Garzeit in die Brühe geben. Den Löwenzahn in 3–4 cm lange Stücke schneiden, mit Zitronensaft, Salz, Pfeffer und dem restlichen Rapsöl anmachen und beiseitestellen.

3 In vier Suppentassen je 1 Ei schlagen. Die kochend heiße Suppe abschmecken, vorsichtig über die Eier schöpfen und ein paar Minuten ziehen lassen. Die Graupensuppe mit Löwenzahn und Speck bestreut servieren.

Variante:

Aus den Graupen können Sie auch einen feinen *vegetarischen Risotto* (für 4–6 Personen) zubereiten: 1 Zwiebel, 2 Möhren und 2 Petersilienwurzeln schälen und klein würfeln. 1 Stange Lauch längs halbieren und erst in 1 cm breite Streifen, dann die Streifen in Quadrate schneiden. 2 EL Butter in einem Topf zerlassen und 200 g Graupen darin 2 Minuten anrösten. Mit 1 l Gemüsebrühe ablöschen und bei mittlerer Hitze 30 Minuten köcheln lassen. Nach 15 Minuten das vorbereitete Gemüse zugeben, mit Salz und Pfeffer abschmecken. Die Blättchen von 2 Bund Petersilie oder Bärlauch grob hacken. Am Ende der Garzeit den Risotto mit der gehackten Petersilie oder dem gehackten Bärlauch und 4 EL geriebenem Parmesan mischen. Heiß servieren.

Sauerkrautsuppe mit Rauchwurst

In der Schweiz wird die Suppe oft mit Saucisson Vaudois (Waadt-länder) oder Neuenburger Wurst zubereitet. Sie wird meist etwa 1 Stunde bei 75 °C in Wasser vorgegart, dann in Scheiben geschnitten und mit Lauch, Kartoffelgratin, Hülsenfrüchten oder Lattich serviert. Beide Wurstsorten werden als Lebensmittel mit geschützter geografischer Angabe (IGP – Indication géographique protégée) in der Schweiz hergestellt und sind – aufgrund hoher Importzölle – in den anderen deutschsprachigen Ländern schwer erhältlich. Eine gute Alternative sind geräucherte Rohwürste wie Rohpolnische, grobe rohe Bratwurst oder Salsiccia.

Für 4 Personen • Zubereitung: 15 Minuten + 70 Minuten Garzeit

400 g Rohpolnische, grobe rohe
 Bratwurst oder Salsiccia
2 EL Butterschmalz oder Rapsöl
250 g rohes Sauerkraut
1 Zwiebel
1 Apfel (z. B. Boskop)
100 g mehligkochende Kartoffeln
20 ml Gin
100 ml Weißwein
1 Lorbeerblatt
1 l Gemüsebrühe
1 Bund Schnittlauch nach Belieben
Salz und Pfeffer aus der Mühle

1 Die Wurst pellen, in Scheiben schneiden und zerpflücken. Das Butterschmalz in einem Topf zerlassen und die Wurststückchen darin bei schwacher Hitze 3–4 Minuten braten, dann aus dem Topf nehmen und beiseitestellen.

2 Während die Wurst brät, das Sauerkraut sehr grob hacken. Zwiebel, Apfel und Kartoffeln schälen, den Apfel vom Kerngehäuse befreien und alles in Ringe oder Scheiben schneiden. Mit dem Sauerkraut 5 Minuten im Wurstfett braten. Mit Gin und Weißwein ablöschen, das Lorbeerblatt zugeben und mit der Gemüsebrühe aufgießen. Etwa 1 Stunde zugedeckt kochen, bis das Sauerkraut weich ist.

3 Die gebratenen Wurststückchen in die fast fertige Suppe geben und 10 Minuten darin ziehen lassen (die Suppe soll nicht mehr kochen). In der Zwischenzeit nach Belieben den Schnittlauch in feine Röllchen schneiden. Die Sauerkrautsuppe mit Salz und Pfeffer abschmecken, mit den Schnittlauchröllchen bestreuen und servieren.

Kartoffel-Lauch-Suppe mit Dostcreme

Vegetarisch

Oregano heißt auf Deutsch Dost und Dost eigentlich nur Büschel. Die Dostfamilie ist groß, italienischer Oregano und einfacher Majoran gehören auch dazu. Wilder Dost von einer Bergwiese schmeckt anders als die beiden Verwandten, die Sie aber gut gegeneinander austauschen können. Dostcreme lässt sich übrigens feiner pürieren, wenn Sie die Mengen verdoppeln.

Für 4 Personen • Zubereitung: 40 Minuten

1 Stange Lauch

200 g Weißkohl oder 1 Kohlrabi

400 g mehligkochende Kartoffeln

2 EL Butter

½ Bund Bohnenkraut oder Petersilie

1 Lorbeerblatt

frisch geriebene Muskatnuss

Salz und Pfeffer

Für die Dostcreme:

½ Bund Dost oder Oregano

5 EL Rapsöl

3 EL Pinienkerne

Salz

1 Die Lauchstange längs halbieren und quer in Streifen schneiden. Den Weißkohl halbieren und den Strunk entfernen, dann klein schneiden. Die Kartoffeln schälen und in Scheiben schneiden.

2 Die Butter in einem Topf zerlassen. Lauchstreifen, Weißkohl und Kartoffelscheiben darin bei schwacher Hitze 5 Minuten braten. Die Bohnenkrautblättchen von den Zweigen zupfen und mit dem Lorbeerblatt zum Gemüse geben. Mit 1 l Wasser aufgießen, mit Salz und Muskatnuss würzen. Etwa 20 Minuten kochen, bis das Gemüse gar ist.

3 In der Zwischenzeit für die Dostcreme die Dostblättchen von den Zweigen zupfen. Mit 5–6 EL Brühe von der Suppe, Rapsöl und 1 gehäuften Msp. Salz im Blitzhacker oder mit dem Stabmixer cremig pürieren. Die Pinienkerne in einer Pfanne ohne Fett rösten, bis sie zu duften beginnen, dann in den Blitzhacker geben und mitpürieren. Die Dostcreme salzen, in eine Schüssel füllen und beiseitestellen.

4 Die Kartoffel-Lauch-Suppe mit dem Stabmixer pürieren, mit Pfeffer und Salz abschmecken und auf tiefe Teller verteilen. In die Mitte jedes Tellers 1 Klecks Dostcreme geben und die Suppe servieren.

Tipp:

Die Kartoffel-Lauch-Suppe schmeckt auch mit aromatischen, rustikalen Würsten sehr gut: Einfach 400 g Saucisson Vaudois oder Rohpolnische in die Suppe geben, sobald diese zu sieden beginnt, und bei schwächster Hitze 1 Stunde darin ziehen lassen – die Suppe darf nicht kochen, ideal ist eine Temperatur von 75 °C. Den Saucisson aus dem Topf nehmen, die Suppe pürieren, den Saucisson in Scheiben schneiden und wieder in die Suppe geben.

Kleine Gerichte & Vegetarisches

Walliser Spargelkuchen

Vegetarisch

Diesen pikanten Kuchen können Sie statt mit Spargel auch mit Frühlingsmöhren, fingerdick geschnittenen Kohlrabistiften und Frühlingszwiebeln zubereiten und mit gerösteten Haselnusskernen bestreuen.

Für 4–6 Personen • Zubereitung: 1 Stunde + 30 Minuten Backzeit

Für den Teig:

250 g Mehl und Mehl zum Ausrollen

½ TL Salz

150 g kalte Butter

1 Ei

Hülsenfrüchte zum Blindbacken

Für die Füllung:

1,2 kg grüner und weißer Spargel

200 g Frischkäse

125 g Crème fraîche

frisch geriebene Muskatnuss

4 EL geriebener Käse (z. B. Greyerzer oder Raclettekäse)

1 Bund Kerbel

1 EL Pinienkerne, geröstet

Salz und Pfeffer aus der Mühle

1 Für den Teig Mehl und Salz in einer Schüssel mischen. Die Butter in Würfel schneiden und mit Ei und 2 EL kaltem Wasser zum Mehl geben. Die Zutaten mit den Fingerspitzen zu Krümeln verreiben. Die Teigkrümel schnell zu einer Kugel formen, in Frischhaltefolie wickeln und 30 Minuten kalt stellen.

2 Den Backofen auf 200 °C (Ober-/Unterhitze) bzw. 180 °C (Umluft) vorheizen. Eine Quiche- oder Tarteform buttern. Den Teig auf der bemehlten Arbeitsfläche etwa 3 mm dünn ausrollen, Boden und Seiten der Quicheform damit auslegen. Den Teigboden mehrmals mit einer Gabel einstechen, dann mit Backpapier und Hülsenfrüchten beschweren und im heißen Ofen auf der zweiten Schiene von unten 15–20 Minuten blindbacken.

3 In der Zwischenzeit für die Füllung den Spargel schälen und halbieren. Die Spargelstücke in kochendem Salzwasser in 10–12 Minuten bissfest garen, abgießen und gut abtropfen lassen. Frischkäse und Crème fraîche verrühren, mit Salz, Pfeffer und Muskatnuss würzen. Die Quicheform aus dem Ofen nehmen, Hülsenfrüchte und Backpapier entfernen. Den Spargel auf dem vorgebackenen Teigboden verteilen und mit der Crème-fraîche-Mischung bedecken. Mit dem geriebenen Käse bestreuen und im heißen Ofen bei 220 °C (Ober-/Unterhitze) bzw. 200 °C (Umluft) in 25–30 Minuten goldbraun backen.

4 Die Kerbelblättchen von den Stängeln zupfen und grob hacken. Den Spargelkuchen aus dem Ofen nehmen und mit Kerbelblättchen und Pinienkernen bestreut warm oder kalt servieren.

Tipp:

Sollte einmal Teig übrig bleiben: Mürbeteig lässt sich gut einfrieren.

Ricotta-Gnocchi

Vegetarisch

Kartoffelknödel und Gnocchi sind eigentlich ganz einfach, trotzdem gelingen sie oft nicht – weil die Kartoffeln nicht gut genug sind. So muss zu viel Mehl in den Teig gegeben werden und die Gnocchi werden fest oder zerfallen. Wenn Sie die Kartoffeln für den Teig im Ofen garen, verlieren sie dabei schon etwas Feuchtigkeit und die Gnocchi werden garantiert perfekt. Diese Variante stammt aus dem Trentino – der lokale Grana ähnelt einem sehr guten Parmesan und passt perfekt dazu.

Für 4 Personen • Zubereitung: 30 Minuten + 90 Minuten Gar- und Ruhezeit

700 g große mehligkochende
  Kartoffeln
500 g Ricotta oder Quark
100 g geriebener Hartkäse
  (z. B. Trentingrana oder Parmesan)
175 g doppelgriffiges Mehl
  z. B. Wiener Griessler oder Instant-
  mehl 405)
3 EL Butter
2 Eier
200 g Sahne
frisch geriebene Muskatnuss
2 Frühlingszwiebeln
Salz

1 Den Backofen auf 190 °C (Ober-/Unterhitze) bzw. 170 °C (Umluft) vorheizen. Die ungeschälten Kartoffeln auf einem Backblech auf der mittleren Schiene im heißen Ofen 1 Stunde garen. Herausnehmen, halbieren und das Fruchtfleisch aus der Schale löffeln. 500 g Kartoffelmasse abwiegen und durch eine Kartoffelpresse drücken. Den Ricotta in einem Küchentuch ausdrücken und mit Kartoffelpüree, 70 g geriebenem Hartkäse, Mehl, 1 EL Butter und 1 Msp. Salz verkneten. Den Kartoffelteig 30 Minuten kalt stellen.

2 Aus dem Kartoffelteig fingerdicke Rollen formen und diese schräg in 2 cm breite Stücke schneiden. In reichlich kochendes Salzwasser geben, die Hitze reduzieren, sodass das Wasser nur noch ganz schwach kocht. Sobald die Gnocchi nach oben steigen, noch 5 Minuten gar ziehen lassen. In der Zwischenzeit Eier und Sahne mit dem restlichen geriebenen Hartkäse mischen und mit Salz und Muskatnuss abschmecken. Die Frühlingszwiebeln in feine Ringe

schneiden. Die restliche Butter in einem Topf zerlassen.

3 Die Gnocchi mit einem Schaumlöffel aus dem Wasser heben, gut abtropfen lassen und in der zerlassenen Butter schwenken. Die Ricotta-Gnocchi vom Herd nehmen, mit Käsemischung und Frühlingszwiebelringen mischen, auf Tellern anrichten und sofort servieren.

Tipp:

Um zu prüfen, ob der Teig die richtige Konsistenz hat, sollten Sie eine Probenocke kochen. Ist der Teig zu weich, sodass die Nocke zerfällt, kneten Sie etwas Mehl unter; ist er zu fest, fügen Sie ein Löffelchen Ricotta zu.

Spinatknödel in Rindssuppe

Ob Speckknödel, Randenknödel, Kaspressknödel oder, wie hier, Spinatknödel – gut sind sie alle, diese Südtiroler Aromakugeln. Für lockere Knödel, die trotzdem nicht zerfallen, gibt es ein paar Tricks: Das Brot richtig klein würfeln oder zerbröseln, damit die Knödel nicht ausfransen. Den Spinat sehr gut ausdrücken. Die Milch zimmerwarm verwenden.

Für 4 Personen • Zubereitung: 45 Minuten

200 g altbackene Brötchen oder
  Knödelbrot
200 ml zimmerwarme Milch
200 g gekochter Blattspinat oder
  aufgetauter TK-Blattspinat
1 Bund Petersilie
1 Zwiebel
75 g Bergkäse
2 EL Butter
2 Eier
1 EL Mehl
750 ml kräftige Rinder- oder
  Gemüsebrühe
Salz

1 Die Brötchen erst in dünne Scheiben schneiden, dann sehr klein würfeln (oder das Knödelbrot sehr klein würfeln). Mit 1 Msp. Salz in eine Schüssel geben, mit der Milch übergießen und zugedeckt 30 Minuten ziehen lassen.

2 In der Zwischenzeit den Blattspinat in einem Küchentuch sehr fest ausdrücken. Die Petersilienblättchen von den Stängeln zupfen und mit dem Spinat fein hacken. Die Zwiebel schälen und fein würfeln. Den Bergkäse reiben. Die Butter in einem Topf zerlassen. Spinat, Petersilie und Zwiebelwürfel darin zugedeckt 3 Minuten dünsten, dann mit der Brötchenmasse, Eiern, Mehl, 50 g geriebenem Bergkäse und Salz verkneten.

3 Reichlich Salzwasser in einem großen Topf aufkochen. Aus dem Knödelteig mit feuchten Händen tischtennisballgroße Knödel formen. Um zu prüfen, ob der Teig die richtige Konsistenz hat, sollten Sie einen kleinen Probeknödel kochen. Ist der Teig zu weich, sodass der Knödel zerfällt, kneten Sie Semmelbrösel unter. Die Knödel im leicht kochenden Wasser 15 Minuten ziehen lassen.

4 Kurz vor Ende der Garzeit die Rinderbrühe in einem Topf aufkochen. Die Knödel mit einem Schaumlöffel aus dem Wasser heben und gut abtropfen lassen. Die Spinatknödel in die Brühe geben, die Suppe auf tiefe Teller verteilen, mit dem restlichen Käse bestreuen und servieren.

Varianten:

Für *Speckknödel* 80 g Südtiroler Speck erst in dünne Scheiben schneiden, dann sehr klein würfeln und anstelle des Spinats mit den Zwiebeln dünsten. Den Teig ohne das Mehl zubereiten, die Knödel wie im Rezept beschrieben kochen und in der Brühe servieren. Für *Semmelknödel* zudem den Speck weglassen.

Kartoffelblattln mit Sauerkraut

Für 4 Personen • Zubereitung: 35 Minuten + 90 Minuten Garzeit

Für das Sauerkraut:

2 Zwiebeln

1 Apfel (z. B. Boskop)

3 EL Butter- oder Gänseschmalz

40 ml Gin

200 ml Apfel-, Birnen- oder
 Weißwein

1 kg rohes Sauerkraut

1 Lorbeerblatt

500 g geräucherte Rippchen (nach
 Belieben)

Salz und Pfeffer aus der Mühle

Für die Kartoffelblattln:

500 g mehligkochende Kartoffeln

2 Eigelb

100 g doppelgriffiges Mehl (z. B.
 Wiener Griessler) und Mehl zum
 Ausrollen

frisch geriebene Muskatnuss

1 TL Salz

500 g Butter- oder Gänseschmalz

1 Für das Sauerkraut die Zwiebeln schälen, halbieren und in dünne Streifen schneiden. Den Apfel schälen, vierteln, vom Kerngehäuse befreien und in Scheiben schneiden. Das Butterschmalz in einem Topf zerlassen, Zwiebelstreifen und Apfelscheiben darin bei schwacher Hitze 5 Minuten anschwitzen. Mit Gin und Wein ablöschen. Sauerkraut, Lorbeerblatt und Rippchen (nach Belieben) zugeben und mit 500 ml Wasser aufgießen. Salzen, pfeffern und bei schwacher Hitze 60–90 Minuten köcheln lassen.

2 Etwa 45 Minuten vor Ende der Garzeit für die Kartoffelblattln die ungeschälten Kartoffeln in kochendem Salzwasser 20 Minuten garen. Die Kartoffeln abgießen und im heißen Topf kurz ausdampfen lassen. Pellen, durch eine Kartoffelpresse drücken und mit Eigelben, Mehl, etwas Muskatnuss und Salz zügig verkneten. Die Kartoffelmasse auf der mit Mehl bestäubten Arbeitsfläche 5 mm dick ausrollen. Mit einem großen Messer oder einem Teigrad 6 cm große Rauten ausschneiden. Nicht allzu lange liegen lassen, sonst wird der Teig weich.

3 Das Butterschmalz in einer großen Pfanne mit hohem Rand oder einem Frittiertopf zerlassen. Die Kartoffelrauten im heißen Schmalz portionsweise je 3–4 Minuten goldbraun ausbacken, auf Küchenpapier abtropfen lassen und warm stellen. Die Kartoffelblattln mit dem Sauerkraut auf Tellern anrichten und servieren.

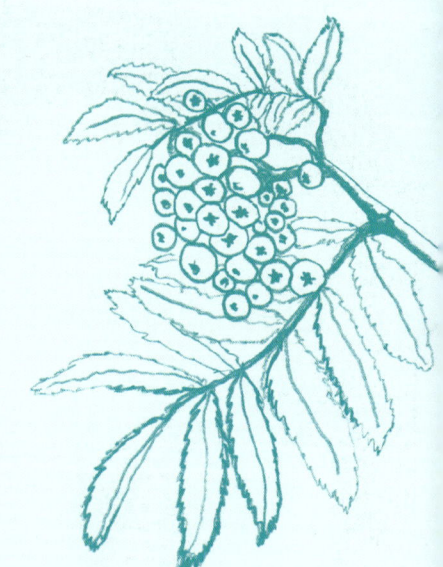

Zillertaler Zerggl mit Randenkraut

Das Randenkraut schmeckt auch roh als Salat. In manchen Gegenden wurden Randen (Rote Bete) früher wie Sauerkraut vergoren. Heute ist das selten, am ehesten findet man diese Zubereitungsmethode noch auf den Märkten am östlichen Alpenrand, z. B. beim Gurken-Leo auf dem Wiener Naschmarkt. Zerggl sind die Zillertaler Variante der Südtiroler Kaspressknödel.

Für 4 Personen • Zubereitung: 30 Minuten + 90 Minuten Gar- und Ruhezeit

Für die Zerggl:

200 g trockenes Brot oder
 Knödelbrot
400 g gekochte Kartoffeln (vorwiegend festkochende, vom Vortag)
200 g Tiroler Graukäse oder fester
 Sauermilchkäse mit Edelschimmel
 (z. B. Handkäse)
125 g Magerquark
2 Bund Schnittlauch
2 Eier
50 g Mehl
frisch geriebene Muskatnuss
2–3 EL Butter oder Butterschmalz
Salz und Pfeffer aus der Mühle

Für das Randenkraut:

200 g junge Rote Bete
200 g weiße Rübchen (z. B.
 Mairübchen)
2 EL Apfelessig
5 EL Nussöl oder Rapsöl
Salz und Pfeffer aus der Mühle

1 Für die Zerggl das Brot klein würfeln, mit 125 ml lauwarmem Wasser übergießen und zugedeckt an einem warmen Platz 30 Minuten ziehen lassen. In der Zwischenzeit die Kartoffeln durch eine Kartoffelpresse drücken und den Graukäse grob reiben oder zerbröseln. Den Magerquark in einem Küchentuch sehr fest ausdrücken. Den Schnittlauch in feine Röllchen schneiden.

2 Für das Randenkraut Beten und Rübchen schälen, grob raspeln und in einer Schüssel mit Apfelessig und Nussöl mischen. Mit Salz und Pfeffer abschmecken und ziehen lassen, bis die Knödel geformt sind.

3 Die Brotmasse mit Kartoffelpüree, geriebenem Käse, ausgedrücktem Quark, Schnittlauchröllchen, Eiern und Mehl verkneten und mit Salz, Pfeffer und Muskatnuss abschmecken. Aus der Zergglmasse mit feuchten Händen kleine Knödel formen und flach drücken.

4 Die Butter in einer großen Pfanne zerlassen und die Knödel (falls nötig portionsweise) darin bei schwacher bis mittlerer Hitze von beiden Seiten in etwa 8 Minuten goldbraun braten. Währenddessen das Randenkraut in einem Topf mit der Marinade bei schwacher Hitze etwa 6 Minuten dünsten. Die Zerggl mit dem Randenkraut auf Tellern anrichten und servieren.

Schinkenfleckerl

Für 3–4 Personen • Zubereitung: 35 Minuten + 30 Minuten Ruhezeit

Für den Teig:

200 g doppelgriffiges Mehl (z. B. Wiener Griessler) und Mehl zum Ausrollen

2 zimmerwarme Eier (M bei Verarbeitung des Teigs in der Nudelmaschine, L bei Ausrollen per Hand)

1 gehäufte Msp. Salz

Für die Sauce:

250 g gekochter Schinken

200 g Sahne oder Crème fraîche

½ Bund Garten- oder Brunnenkresse oder 1 Bund Petersilie

2 EL Butter

Salz und Pfeffer aus der Mühle

1 Für den Teig Mehl, Eier und Salz in 5 Minuten zu einem festen, glatten Teig verkneten. Den Teig in Frischhaltefolie wickeln und mindestens 30 Minuten ruhen lassen.

2 In der Zwischenzeit für die Sauce den gekochten Schinken in Streifen schneiden. Die Sahne salzen, pfeffern und glatt rühren. Die Gartenkresse grob hacken (oder die Petersilienblättchen von den Stängeln zupfen und hacken).

3 Den Teig mit etwas Mehl bestäuben und dünn ausrollen (mit der Nudelmaschine auf der zweitdünnsten Stufe, mit dem Nudelholz so dünn wie möglich). Zwischendurch immer wieder einen Moment warten, damit sich der Teig entspannen kann. Den Teig mit einem gezackten Teigrad in unregelmäßige Stücke (Fleckerl) schneiden. Die Teigstücke in Salzwasser in 3–4 Minuten (5–6 Minuten bei Ausrollen per Hand) bissfest kochen, dann mit einem Schaumlöffel herausheben und abtropfen lassen.

4 Die Butter in einer Pfanne zerlassen und die Schinkenstreifen darin erhitzen. Fleckerl und Sahne vorsichtig untermischen und in 2 Minuten ebenfalls erhitzen. Die Schinkenfleckerl auf Tellern anrichten und mit reichlich Kresse bestreut servieren.

Tipp:

Heben Sie etwas Kochwasser von den Fleckerln auf und verdünnen Sie damit die Sauce, falls diese beim Erhitzen zu dickflüssig wird.

Variante:

Für *Krautfleckerl* statt der Schinken-Sahne-Mischung 800 g Weißkohl verwenden. Dafür den Kohl vierteln, vom Strunk befreien und in breite Streifen schneiden. Etwas Butter in einem Topf zerlassen und die Kohlstreifen darin anbraten. Sobald sie leicht gebräunt sind, mit 400 ml Rinderbrühe ablöschen. Den Kohl zugedeckt in 10 Minuten weich dünsten, mit den gegarten Teigstücken mischen und die Krautfleckerl servieren.

Karfiol mit Einbrennsauce

Klassiker

Man könnte ihn auch einfach Blumenkohl nennen, aber Karfiol ist eines der poetischsten Wörter der österreichischen Küchensprache. Verwandt mit dem italienischen cavolfiore bedeutet Karfiol zwar auch nur Kohlblume, klingt aber zu schön. Auch die Einbrennsauce hat in der österreichischen Küche überlebt. Etwas feiner und leichter passt sie perfekt zu Karfiol und Bröseln.

Für 4 Personen • Zubereitung: 20 Minuten

Für die Béchamelsauce:

2 EL Butter

20 g Mehl

500 ml Milch (oder 250 ml Milch und
  250 ml Gemüsebrühe)

frisch geriebene Muskatnuss

Salz und Pfeffer aus der Mühle

Für den Blumenkohl:

1 kg Blumenkohl

50 g Butter

80 g Semmelbrösel (vom Bäcker
  oder selbst gemacht, siehe Tipp
  Seite 140)

1 Bund Schnittlauch oder gemischte
  Kräuter

Salz

1 Für die Béchamelsauce die Butter in einem kleinen Topf zerlassen. Das Mehl mit einem Schneebesen einrühren und bei schwacher Hitze unter ständigem Rühren 3 Minuten anschwitzen. Die Milch unter Rühren zugeben und zum Kochen bringen. Die Sauce mit Salz, Pfeffer und Muskatnuss kräftig würzen, dann bei sehr schwacher Hitze unter gelegentlichem Rühren 10 Minuten köcheln lassen, damit der Mehlgeschmack verschwindet.

2 In der Zwischenzeit für den Blumenkohl reichlich Salzwasser in einem Topf aufkochen. Den Blumenkohlstrunk mit einem trichterförmigen Schnitt aus dem Kohlkopf herausschneiden. Den Kohl in größere Röschen teilen, dicke Stiele kreuzweise einritzen. Im kochenden Salzwasser 10–12 Minuten garen, bis der Kohl nicht mehr ganz bissfest, aber auch noch nicht ganz weich ist. Abgießen und abtropfen lassen.

3 Die Butter in einer Pfanne zerlassen und die Semmelbrösel darin unter ständigem Rühren goldbraun rösten. Den Schnittlauch in Röllchen schneiden (oder die Blättchen von den Kräuterstängeln zupfen und hacken) und in die Sauce geben, einmal umrühren. Den Karfiol mit der Einbrennsauce und den Semmelbröseln anrichten und servieren.

Variante:

Für *Dill-Fisolen mit Béchamelsauce* 800 g grüne Bohnen in kochendem Salzwasser garen. Die Béchamelsauce wie oben beschrieben zubereiten, aber statt der Milch 150 g Crème fraîche und 350 ml Rinderbrühe verwenden. Kurz vor dem Servieren die Sauce mit 1–2 TL Weißweinessig und 1 TL scharfem Senf abschmecken und 1 Bund Dill hacken und unterrühren.

Überbackene Schwarzwurzeln

Im Frühjahr schmeckt dieses Gericht statt mit Schwarzwurzeln auch mit Spargel sehr gut – die Zubereitung bleibt die gleiche.

Für 4 Personen • Zubereitung: 20 Minuten + 1 Stunde Garzeit

400 g Staudensellerie

500 g Schwarzwurzeln

4 EL (einfacher) Essig

6 EL Nussöl oder Rapsöl

4 EL Walnusskerne

2 Knoblauchzehen

12 Kirschtomaten

4 Zweige Thymian

2 TL Kapern (aus dem Glas)

200 ml Gemüsebrühe

125 g Appenzeller oder junger
  Raclettekäse, in Scheiben

2 EL alpiner oder Balsamico-Essig
  (siehe Tipp)

Salz und Pfeffer aus der Mühle

1 Den Backofen auf 160 °C (Ober-/Unterhitze) bzw. 140 °C (Umluft) vorheizen. Die Selleriestangen längs halbieren und quer dritteln. Die Schwarzwurzeln schälen, längs halbieren – dicke Stangen vierteln – und quer dritteln, dann sofort in eine Schüssel mit 1 l Wasser und dem Essig legen. (Tragen Sie bei der Verarbeitung der Schwarzwurzeln Handschuhe, dann verfärbt der abgesonderte klebrige Saft Ihre Hände nicht.)

2 In einem flachen Bräter 1 TL Nussöl erhitzen, die Walnusskerne darin 2 Minuten rösten, herausnehmen, grob hacken und leicht salzen. 1 EL Nussöl in den Bräter geben und das vorbereitete Gemüse darin 3–4 Minuten braten, dann mit Salz und Pfeffer würzen. Die Knoblauchzehen ungeschält leicht quetschen, die Kirschtomaten halbieren. Beides mit Thymianzweigen und Kapern zum Gemüse geben. Die Gemüsebrühe angießen und kurz aufkochen.

3 Das Gemüse zugedeckt im heißen Ofen auf der zweiten Schiene von unten 45 Minuten schmoren. Mit den Käsescheiben belegen und ohne Deckel bei 220 °C (Ober-/Unterhitze) bzw. 200 °C (Umluft) in weiteren 15 Minuten leicht gratinieren.

4 Den Bräter aus dem Ofen holen und das Gemüse auf Tellern oder einer Servierplatte anrichten. Die Knoblauchzehen entfernen, die Sauce im Bräter mit dem alpinen oder Balsamico-Essig und dem restlichen Nussöl verrühren, abschmecken und über das Gemüse verteilen. Die überbackenen Schwarzwurzeln mit den gerösteten Walnusskernen bestreuen und servieren.

Tipp:

Italienischer Aceto Balsamico ist wunderbar, doch es gibt auch in den Alpen erstklassige Essigproduzenten, deren Produkte sehr gut mit Schwarzwurzeln harmonieren. Probieren Sie die Schweizer Balsamessige von Baerg Marti oder den Bergkräuteressig aus dem Mölltal von Alpenwelt.

Kartoffelschlutzer mit Leberwurstfüllung

Leicht zu variieren

Für 4 Personen • Zubereitung: 50 Minuten

Für den Teig:

500 g mehligkochende Kartoffeln

2 Eigelb

1 EL weiche Butter und 2–3 EL
 Butter zum Schwenken

200 g Mehl und Mehl zum Ausrollen

frisch geriebene Muskatnuss

Salz

Für die Füllung:

200 g rohes Sauerkraut

1 Knoblauchzehe

1 TL Butter

½ TL Kümmelsamen

1 Bund Schnittlauch

200 g grobe Leberwurst

Salz und Pfeffer aus der Mühle

1 Für den Teig die Kartoffeln in kochendem Salzwasser 10–15 Minuten garen, abgießen und im heißen Topf 10 Minuten ausdampfen lassen, dann pellen und durch eine Kartoffelpresse drücken. 400 g Kartoffelmasse abwiegen, mit Eigelben und Butter mischen und auskühlen lassen. Sobald die Masse kalt ist, das Mehl einarbeiten und den Teig mit Salz und Muskatnuss würzen.

2 Für die Füllung das Sauerkraut grob hacken. Die Knoblauchzehe schälen und fein würfeln. Die Butter in einem Topf zerlassen. Das Sauerkraut darin mit Knoblauch und Kümmel zugedeckt 15 Minuten dünsten. Wenn nötig, etwas Wasser zugeben – zum Schluss soll die Flüssigkeit aber verdampft sein. Das Sauerkraut salzen, pfeffern und abkühlen lassen. Den Schnittlauch in feine Röllchen schneiden, die Hälfte mit der gepellten Leberwurst unter das Sauerkraut mischen, die andere Hälfte beiseitestellen.

3 Den Kartoffelteig mit Mehl bestäuben und auf der Arbeitsfläche 3 mm dünn ausrollen. Mit einem Messer in Rechtecke schneiden. Auf eine Hälfte des Rechtecks eine teelöffelgroße Menge der Füllung geben, die Teigränder mit etwas Wasser bestreichen. Die Teigstücke zusammenfalten, dann die Teigränder mit den Fingern aneinanderdrücken.

4 Die Kartoffelschlutzer in einem großen Topf mit schwach kochendem Salzwasser etwa 5 Minuten garen. 2–3 EL Butter in einer großen, schweren Pfanne zerlassen und bräunen. Die Kartoffelschlutzer mit einem Schaumlöffel aus dem Wasser heben, gut abtropfen lassen und in der braunen Butter schwenken (»abschmelzen«), dann auf Teller verteilen und mit den restlichen Schnittlauchröllchen bestreut servieren.

Variante:

Aus Graubünden kommen die *Trinser Birnenravioli*: Dafür den gleichen Teig wie für Schinkenfleckerl (S. 72) verwenden. Für die Füllung 6 getrocknete Birnen über Nacht in Wasser einweichen, dann Stiel und Fliege entfernen und die Birnen grob hacken. 1–2 EL Butter in einer Pfanne zerlassen, Birnen, 2 EL Semmelbrösel und 2 EL Zucker darin 4–5 Minuten braten. Mit 1 EL Birnengeist ablöschen und mit Salz, Pfeffer und 1 Msp. gemahlenem Zimt würzen. Die Füllung wie beschrieben mit dem Kartoffelteig verarbeiten. Die Birnenravioli in schwach kochendem, leicht gesalzenem Wasser in 3–5 Minuten garen und mit zerlassener Butter und geriebenem Bergkäse servieren.

Buchweizenravioli mit Burrata-Bärlauch-Füllung

Buchweizen wächst auf kargen Böden und ist sehr mühsam zu ernten, kein Wunder, dass er im Supermarkt keine große Rolle spielt. Schade, denn von slowenischen Buchweizenravioli bis zur schwarzen Polenta im Tessin und in der Provence gibt es auf der Alpensüdseite wunderbare regionale Spezialitäten mit Buchweizenmehl.

Für 4 Personen (ca. 24 Stück) • Zubereitung: 1 Stunde 15 Minuten

Für den Teig:

250 g Buchweizenmehl

250 g Weizenmehl und Mehl zum Ausrollen

1 TL Salz

2 Eier

Für die Füllung:

1 Zwiebel

1 Knoblauchzehe

300 g Hokkaidokürbis oder Aubergine

3 EL Olivenöl

150 g Burrata (italienischer Frischkäse)

12 Bärlauchblätter

Peperoncinopulver oder Chiliflocken

frisch geriebene Muskatnuss

Salz

500 ml Gemüsebrühe

4 EL geriebener Bergkäse

Salz

1 Für den Teig Mehle und Salz in einer Schüssel mischen. 180 ml Wasser aufkochen, gründlich mit dem Mehl verrühren, abkühlen lassen. 1 Ei trennen, das Eiweiß beiseitestellen. Eigelb und Ei mit der Mehlmischung zu einem glatten Teig verkneten. Den Teig zugedeckt mindestens 30 Minuten ruhen lassen.

2 Inzwischen für die Füllung Zwiebel und Knoblauchzehe schälen, halbieren und in dünne Streifen bzw. Scheiben schneiden. Den Kürbis halbieren, entkernen und ebenfalls in dünne Scheiben schneiden oder die Aubergine schälen, längs viertteln und quer in dünne Scheiben schneiden. Das Olivenöl in einer Pfanne erhitzen und Zwiebel-, Knoblauch- und Kürbisscheiben darin zugedeckt bei schwacher Hitze etwa 15 Minuten sehr weich dünsten. Vom Herd nehmen, mit einer Gabel oder einem Kartoffelstampfer grob pürieren und abkühlen lassen.

3 Währenddessen Burrata und Bärlauchblätter grob hacken, etwas gehackten Bärlauch beiseitestellen.

Das abgekühlte Püree locker mit Burrata und Bärlauch mischen und mit Salz, Peperoncinopulver und Muskatnuss abschmecken.

4 Den Teig auf der bemehlten Arbeitsfläche etwa 2 mm dünn ausrollen und Kreise (etwa 10 cm Ø) ausstechen. In die Mitte jedes Teigkreises 1 EL der Füllung geben und die Teigränder dünn mit Eiweiß bestreichen. Die Teigkreise zu Halbmonden falten und die Teigränder mit einer Gabel fest aneinanderdrücken.

5 In einem großen Topf Salzwasser aufkochen, in einem weiteren Topf die Gemüsebrühe zum Kochen bringen. Die Ravioli im leicht kochenden Salzwasser bei schwacher Hitze 8–10 Minuten garen, dann mit einem Schaumlöffel aus dem Wasser heben, abtropfen lassen und auf tiefe Teller verteilen. Die heiße Brühe darüberschöpfen und die Buchweizenravioli mit dem gehackten Bärlauch und dem geriebenen Bergkäse bestreut servieren.

Kärntner Kasnudeln mit Bratkartoffelfüllung

Für 4–6 Personen (ca. 32 Stück) • Zubereitung: 50 Minuten

Für den Teig:

500 g Mehl und Mehl zum Ausrollen

1 zimmerwarmes Ei (L)

2 EL Öl

1 Msp. Salz

Für die Füllung:

300 g kleine mehlig- oder vorwiegend festkochende Kartoffeln

1 Zwiebel

2 Knoblauchzehen

200 g Waldpilze

60 g Butter

100 g Ricotta oder Kärntner Bröseltopfen

50 g geriebener Bergkäse

50 g saure Sahne

1 Msp. frisch geriebene Muskatnuss

Salz und Pfeffer aus der Mühle

200 ml Rinderbrühe

2 Zweige Majoran

Salz

1 Für den Teig Mehl, Ei, Öl und Salz mit 180 ml lauwarmem Wasser zu einem weichen Teig verkneten. In Frischhaltefolie wickeln und 30 Minuten ruhen lassen.

2 Inzwischen für die Füllung die Kartoffeln in kochendem Salzwasser 10–15 Minuten garen, abkühlen lassen und in Stücke schneiden. Zwiebel und Knoblauch schälen und fein würfeln. Die Pilze je nach Größe ganz lassen oder in Scheiben schneiden. In zwei Pfannen je 30 g Butter zerlassen. Kartoffeln und Pilze darin getrennt bei mittlerer Hitze goldbraun braten, dann leicht salzen. Zwiebel- und Knoblauchwürfel zu den Pilzen geben und bei schwacher Hitze einige Minuten anschwitzen. Vom Herd nehmen. Die Kartoffeln mit einer Gabel zerdrücken, die Pilze hacken. Kartoffelmasse und gehackte Pilze mit Ricotta, Bergkäse und saurer Sahne mischen, dann mit Salz, Pfeffer und Muskatnuss abschmecken.

3 Den Teig auf der Arbeitsfläche mit etwas Mehl bestäuben, dünn ausrollen und Kreise (8 cm Ø) ausstechen. In die Mitte jedes Teigkreises 1 EL der Füllung geben. Die Teigkreise zu Halbmonden falten und die Teigränder gut zusammendrücken oder – wie die Kärnter es machen – »krendeln« (siehe Tipp).

4 In einem großen Topf Salzwasser aufkochen, in einem weiteren Topf die Rinderbrühe zum Kochen bringen. Währenddessen die Majoranblättchen von den Zweigen zupfen. Die Teigtaschen im leicht kochenden Salzwasser 8–10 Minuten garen, dann mit einem Schaumlöffel aus dem Wasser heben, abtropfen lassen und auf tiefe Teller verteilen. Die heiße Brühe darüberschöpfen. Die Kasnudeln mit den Majoranblättchen bestreuen und servieren.

Tipp:

Zum »Krendeln« zuerst Teigkreise ausstechen und in die linke Hand legen. Je 1 EL Füllung auf den Teig geben und fest andrücken, damit keine Luftblasen entstehen. Die Teigkreise zu Halbmonden falten und die Ränder fest aneinanderdrücken, dabei soll ein gut 1 cm breiter Rand entstehen. Nun folgt der Kniff: Die Teigtasche in der linken Hand halten, die untere Ecke des Teigrands mit dem Daumen in Richtung Füllung falten und leicht andrücken. Dabei bildet sich eine neue, stumpfe Ecke. Die stumpfe Ecke in Richtung Füllung falten und andrücken (mit dem Zeigefinger von unten dagegenhalten) Den gesamten Rand krendeln.

Kipflergulasch

Schnell

Klar gibt es in Österreich auch ein Gulasch aus Erdäpfeln (Kartoffeln), und besonders fein schmeckt es mit den aromatischen Kipflern. Diese Kartoffelsorte ähnelt den bayerischen Bamberger Hörnchen oder der französischen La Ratte. Im Grunde eignet sich jede wohlschmeckende Kartoffelsorte, die nicht zu sehr zerfällt. Besonders cremig wird das Gulasch, wenn Sie zum Schluss ein Stück Butter unterrühren, am besten ein Stück Gewürzbutter (siehe Tipp).

Für 4 Personen • Zubereitung: 25 Minuten

3 Zwiebeln

2 Knoblauchzehen

600 g festkochende Kartoffeln (z. B. Kipfler oder Frühkartoffeln)

2 Möhren

2 Tomaten

2 EL Butter oder neutrales Pflanzenöl

1–2 TL Thymianblättchen oder getrockneter Thymian

2 EL Paprikapulver edelsüß

½ TL Kümmelsamen

500 ml Gemüse- oder Rinderbrühe

Bratenreste und Bratensauce (falls vorhanden)

Gulaschgewürz (nach Belieben)

Salz und Pfeffer aus der Mühle

1 Zwiebeln, Knoblauchzehen, Kartoffeln und Möhren schälen. Die Zwiebeln halbieren und würfeln, den Knoblauch fein hacken. Die Kartoffeln klein würfeln, die Möhren längs vierteln und quer in Stücke schneiden. Die Tomaten achteln.

2 Die Butter in einem Topf zerlassen und das vorbereitete Gemüse darin mit den Thymianblättchen 5 Minuten braten. Paprikapulver und Kümmelsamen zugeben, einmal umrühren und mit der Gemüsebrühe aufgießen. Aufkochen, dann zugedeckt bei mittlerer Hitze 10 Minuten kochen.

3 Falls vorhanden, die Bratenreste klein schneiden und am Ende der Garzeit mit der Bratensauce zum Gulasch geben. Das Kartoffelgulasch mit Salz, Pfeffer und Gulaschgewürz (nach Belieben) abschmecken und servieren.

Tipp:

Für *Gewürzbutter* 100 g weiche Butter mit 2 EL Paprikapulver edelsüß, 1 TL Chiliflocken, 1 geschälten und fein gehackten Knoblauchzehe, 1 TL gemahlenem Kümmel, 1 TL abgeriebener Bio-Zitronenschale und den gehackten Blättchen von 5 Zweigen Majoran und 1 Bund Petersilie schaumig schlagen. Mit Salz und Pfeffer abschmecken, kalt stellen oder einfrieren. 1–2 EL Gewürzbutter unter das fertige Gulasch rühren — oder wie Kräuterbutter zu Kurzgebratenem und Gemüse vom Grill servieren.

Glarner Hörnli

Risotto ist eine feine Sache, das Schweizer Nudelrisotto auch, nur geht es viel schneller. Das Rezept aus dem Kanton Glarus wird mit Schabziger, einem Käse aus der Region, abgeschmeckt. Schabziger-klee würzt nicht nur den eigenwilligen grünen Reibekäse, sondern auch Südtiroler Schüttelbrot und viele indische Currys. Wer den echten Schabziger nicht mag, nimmt einfach etwas mehr Sbrinz.

Für 4 Personen • Zubereitung: 30 Minuten

2 Zwiebeln

400 g Spargel (oder ein anderes festes Gemüse, z. B. Möhren, Kohlrabi,
 Brokkoli, Blumenkohl)

2 EL Butter

400 g Hörnli (oder andere kurze
 Hohlnudeln)

1,25 l heiße Gemüsebrühe

50 g Schabziger-Käse

150 g Sbrinz

1 Bund Schnittlauch

1 Stange Staudensellerie

Salz und Pfeffer aus der Mühle

1 Die Zwiebeln schälen und fein hacken. Den Spargel schälen und in 3–4 cm lange Stücke schneiden (oder ein anderes Gemüse schälen und in ähnlich große Stücke schnei-den bzw. in Röschen teilen).

2 Die Butter in einem Topf zerlas-sen und die gehackten Zwiebeln darin hellgelb anschwitzen. Spar-gel und Hörnli zugeben und unter Rühren 1–2 Minuten mitbraten. Mit der Hälfte der heißen Gemüsebrühe ablöschen und kochen, bis die Nudeln die Flüssigkeit aufgenom-men haben. Mehr heiße Gemüse-brühe angießen, bis die Nudeln weich sind und die Flüssigkeit fast aufgenommen haben – das dauert 15–20 Minuten.

3 In der Zwischenzeit die beiden Käse reiben. Den Schnittlauch in feine Röllchen schneiden. Die Selleriestange längs dritteln und quer in kleine Stücke schneiden. Die Nudel-Spargel-Mischung mit geriebenem Käse, Schnittlauchröll-chen und Selleriestücken verrühren. Den Nudelrisotto mit Salz und Pfeffer abschmecken und servieren.

Variante:

Leicht abgewandelt werden aus diesem Gericht *Älplermagronen*. Dafür statt Spargel Kartoffeln ver-wenden und am Ende nur Sbrinz und etwa 3 EL Sahne dazugeben. Dazu gibt es Apfelmus oder *gedünstete Apfelschnitze*. Für die Apfelschnitze 2 Äpfel schälen, vierteln, von den Kerngehäusen befreien und jedes Viertel in 3 Spalten schneiden. 2 EL Butter in einer Pfanne zerlassen und die Apfelspalten darin hell-braun braten. Mit 1 EL Puderzucker bestreuen und karamellisieren, dann mit 3–4 EL Weißwein ablöschen und den Wein fast vollständig einkochen. Die Apfelschnitze mit etwas Muskat-nuss oder Muskatblüte würzen.

Pastinakenpüree

Für 4 Personen (als Beilage) • Zubereitung: 50 Minuten

200 g mehlig- oder vorwiegend
 festkochende Kartoffeln

750 g Pastinaken oder
 Petersilienwurzeln

2 EL Butter

frisch geriebene Muskatnuss

300 ml Gemüsebrühe

250 ml Rapsöl

2 EL Pinienkerne oder Zirbennüsse

1 Bund krause Petersilie

200 g Sahne

Salz und Pfeffer aus der Mühle

1 Kartoffeln und 600 g Pastinaken schälen und in etwa 1 cm dicke Scheiben schneiden. Die Butter in einem kleinen Topf zerlassen, Kartoffel- und Pastinakenscheiben darin zugedeckt bei mittlerer Hitze 3 Minuten dünsten. Mit Salz, Pfeffer und Muskatnuss würzen. Die Gemüsebrühe angießen, dann das Gemüse zugedeckt in etwa 25 Minuten weich dünsten.

2 In der Zwischenzeit die restlichen Pastinaken schälen und mit einem Sparschäler längs in dünne Streifen schneiden. Das Rapsöl in einer Pfanne oder einem Wok erhitzen, bis ein hineingegebener Pastinakenstreifen sofortiges Sprudeln hervorruft. Die Pastinakenstreifen im heißen Öl in 3–4 Portionen hellgolden ausbacken, mit einem Schaumlöffel herausheben, auf Küchenpapier abtropfen lassen und salzen.

3 Die Pinienkerne im heißen Öl hellgolden ausbacken, herausheben und abtropfen lassen. Die Petersilienblättchen von den Stängeln zupfen und ebenfalls im heißen Öl knusprig ausbacken (das dauert nur wenige Sekunden), herausheben und abtropfen lassen.

4 Pastinaken und Kartoffeln mit einem Kartoffelstampfer zerstampfen, dann die Sahne unterrühren. Das Pastinakenpüree auf dem Herd unter Rühren kurz erhitzen, abschmecken und mit ausgebackenen Pastinakenstreifen, Pinienkernen und Petersilienblättchen bestreut servieren.

Tipp:

Geben Sie die Pastinaken-Kartoffel-Mischung nicht in den Mixer, sonst wird das Püree zäh.

Variante:

Für *Rübchenpüree* die Pastinaken durch Mairübchen ersetzen, die Kartoffeln weglassen und ein Püree wie beschrieben zubereiten (das Püree wird flüssiger, fast wie eine Sauce). In den letzten 5 Minuten vor dem Servieren 4 Scheiben geräucherten Kochspeck (1 cm dick) zum Erwärmen mit in den Topf geben. 3 Zwiebeln schälen, halbieren und in dünne Streifen schneiden. 2–3 EL Butter in einer Pfanne zerlassen und die Zwiebelstreifen darin mit 2 EL grob gehackten Walnusskernen, Salz und Pfeffer in 5 Minuten goldgelb braten. Mit 1 EL Essig ablöschen und über dem Püree verteilen. Dazu passen Petersilienkartoffeln.

Rote Bete mit Meerrettichrahm

So gut haben Sie Rote Bete noch nie gegessen: Zart, saftig und voller Aroma – das Gemüse gart in der Salzkruste einfach perfekt. In der Schweiz als »Randen im Salzmantel« bekannt, eignet sich das vegetarische Rezept als beeindruckende Vorspeise, wenn Gäste kommen. Zusätzlich passen auch geräucherte Fischfilets sehr gut, beispielsweise von Forelle, Saibling oder Karpfen.

Für 4 Personen • Zubereitung: 1 Stunde 15 Minuten

8 Rote Bete (à ca. 125 g)

½ Bund Thymian

4 Knoblauchzehen

1,25 kg grobes Meersalz

1 Brezel oder 1 Scheibe Bauernbrot

3 EL Olivenöl

2 Blutorangen oder Orangen

1 Bund Brunnenkresse oder
 1 Schachtel Kresse

Für den Meerrettichrahm:

20 g Butter

20 g Mehl

400 ml Milch

frisch geriebene Muskatnuss

1 Stück frische Meerrettichwurzel
 (100 g) oder 4 EL geriebener Meerrettich aus dem Glas

150 g saure Sahne

Salz und Pfeffer aus der Mühle

1 Den Backofen auf 200 °C (Ober-/Unterhitze) bzw. 180 °C (Umluft) vorheizen. Die Rote-Bete-Knollen gründlich waschen. Die Thymianblättchen von den Zweigen zupfen, die ungeschälten Knoblauchzehen zerdrücken. Das Meersalz mit Thymianblättchen, Knoblauchzehen und 200 ml Wasser mischen. Ein Drittel der Mischung in eine Auflaufform geben. Die Beten in die Form setzen, mit der restlichen Mischung bedecken und im heißen Ofen bei auf der mittleren Schiene 50 Minuten garen.

2 Inzwischen für den Meerrettichrahm die Butter in einem kleinen Topf zerlassen. Das Mehl mit einem Schneebesen einrühren und bei schwacher Hitze unter ständigem Rühren 3 Minuten anschwitzen. Die Milch unter Rühren zugeben und zum Kochen bringen. Die Sauce mit Salz, Pfeffer und Muskatnuss kräftig würzen, dann bei sehr schwacher Hitze unter gelegentlichem Rühren 10 Minuten köcheln lassen. Währenddessen die Meerrettichwurzel schälen und fein reiben.

3 Die Brezel in dünne Scheiben schneiden (oder das Brot würfeln). Das Olivenöl in einer Pfanne erhitzen und die Brezelscheiben darin von beiden Seiten braten. Die Blutorangen mit einem scharfen Messer so schälen, dass auch die weiße Haut entfernt wird, dann in Filets teilen und das weiße Innere entfernen. Die Roten Beten aus dem Ofen nehmen und das Salz mit einem schweren Messerrücken (oder einem Hammer) aufschlagen. Die Beten aus der Form nehmen, nach Belieben schälen und in Spalten schneiden.

4 Vor dem Servieren die Sauce noch einmal aufkochen, vom Herd nehmen und 2 Minuten abkühlen lassen. Den geriebenen Meerrettich und die saure Sahne unterrühren. Die Rote-Bete-Spalten mit Orangenfilets, Kresse und Meerrettichrahm anrichten, mit Knusperbrot bestreuen und servieren.

Käsegerichte

Käserösti

Für 4 Personen (als Beilage) • Zubereitung: 15 Minuten + 20 Minuten Garzeit

1 kg kleine oder mittelgroße neue
 Kartoffeln
frisch geriebene Muskatnuss
2 EL Öl
2 EL Butter
2 EL Sahne oder Milch
75 g Greyerzer, Appenzeller oder ein
 anderer Bergkäse, grob gerieben
Salz und Pfeffer aus der Mühle

1 Die Kartoffeln gründlich waschen und ungeschält in 1–2 mm dünne Scheiben hobeln oder schneiden. Die Kartoffelscheiben mit Salz, Pfeffer und Muskatnuss würzen.

2 In einer großen, schweren Pfanne das Öl und 1 EL Butter erhitzen. Die Kartoffeln in die Pfanne geben, mit einem Kochlöffel flach drücken und mit der Sahne beträufeln. Einen passenden Deckel so auf die Pfanne legen, dass ein kleiner Spalt bleibt.

3 Die Rösti bei schwacher Hitze in etwa 20 Minuten goldbraun braten, nach etwa 10 Minuten wenden. Dazu den Kartoffelfladen in den Deckel stürzen, die restliche Butter in der Pfanne zerlassen und den Fladen zurück in die Pfanne gleiten lassen. Die Rösti mit dem geriebenen Käse bestreuen, zudecken und in 10 Minuten fertig braten.

4 Die Käserösti auf ein Holzbrett gleiten lassen, in Stücke schneiden und mit gemischten Blattsalaten servieren.

Tipp:

Mit *Rahmschwammerln* serviert, wird aus Käserösti ein vegetarisches Hauptgericht für 4 Personen. Dafür 500 g Pilze (z. B. Egerlinge, Austernpilze, Waldpilze) je nach Größe vierteln oder in dicke Scheiben schneiden. 1 kleine Zwiebel schälen und fein würfeln. 2 ungeschälte Knoblauchzehen leicht andrücken. Die Blättchen von 1 Bund Petersilie zupfen und hacken. 2 EL Butterschmalz in einer großen Pfanne stark erhitzen. Pilze und Knoblauchzehen zugeben und bei stärkster Hitze 2 Minuten braten, erst in der zweiten Minute ein- oder zweimal umrühren. Die Zwiebelwürfel zugeben und 1 weitere Minute braten. Die Pilze mit 3 EL Weißwein ablöschen, den Wein komplett einkochen. 3 EL kräftige Gemüsebrühe zugeben. Mit 200 g Sahne aufgießen und bei stärkster Hitze 2–3 Minuten cremig einkochen. 100 g Sahne halbsteif schlagen und mit der gehackten Petersilie unter die Pilze rühren, die Knoblauchzehen entfernen. Die Rahmschwammerl mit Salz und Pfeffer abschmecken und zur Rösti servieren.

Gommer Cholera

Vegetarisch

Oft heißt die Spezialität auch Choleri oder Chollera, das Rezept stammt aus der Gegend von Goms im Wallis. Auf den nahe gelegenen Bergen wird der Gommer gekäst, und er passt am besten zu diesem rustikalen Kartoffelkuchen. Leider exportieren ihn die Schweizer nicht, also unbedingt beim nächsten Urlaub ein Stück mitnehmen!

Für 4 Personen • Zubereitung: 30 Minuten + 1 Stunde Ruhezeit + 1 Stunde Backzeit

Für die Füllung:

300 g vorwiegend festkochende Kartoffeln

2 Knoblauchzehen

2 reife Birnen

1 Stange Lauch (300 g)

Butter für den Lauch

frisch geriebene Muskatnuss

200 g Gommer (Walliser Bergkäse) oder Raclettekäse

75 g Walnusskerne

Salz und Pfeffer aus der Mühle

Für den Teig:

180 g kalte Butter und Butter für die Form

300 g Mehl und Mehl zum Ausrollen

1 Msp. Meersalz

1 Für die Füllung Kartoffeln und Knoblauchzehen schälen und in 1–2 mm dünne Scheiben schneiden oder hobeln. Die Birnen schälen, vierteln, von den Kerngehäusen befreien und in dünne Scheiben schneiden. Die Lauchstange längs halbieren und in Streifen schneiden. Etwas Butter in einem Topf zerlassen und den Lauch darin 3–4 Minuten anschwitzen. Mit Kartoffel-, Knoblauch- und Birnenscheiben in eine Schüssel geben. Die Füllung mit Salz, Pfeffer und Muskatnuss abschmecken und mindestens 1 Stunde ziehen lassen.

2 In der Zwischenzeit für den Teig die kalte Butter in kleine Stücke schneiden. Mit Mehl, Meersalz und 6 EL kaltem Wasser zwischen den Fingerspitzen zu Krümeln verreiben. Rasch zu einem Teig kneten, in Frischhaltefolie wickeln und 30 Minuten kalt stellen. Den Bergkäse reiben und die Walnusskerne grob hacken.

3 Den Backofen auf 175 °C (Ober-/Unterhitze) bzw. 160 °C (Umluft) vorheizen. Eine Quiche- oder Tarteform mit Butter einfetten. Zwei Drittel des Teigs auf der mit Mehl bestäubten Arbeitsfläche rund ausrollen, Boden und Seiten der Form damit auslegen. Den restlichen Teig zu einem runden Teigdeckel ausrollen. Die Kartoffel-Birnen-Masse mit geriebenem Käse und gehackten Walnusskernen mischen und auf dem Teigboden verteilen. Den Teigdeckel auflegen und an den Rändern festdrücken. Falls noch Teig übrig ist, den Teigdeckel damit verzieren. Den Kartoffel-Birnen-Kuchen im heißen Ofen auf der untersten Schiene in etwa 1 Stunde goldbraun backen. Warm mit gemischten Blattsalaten servieren.

Greyerzer-Käsekuchen

Vegetarisch

Da der »Gâteau au fromage« aus der Schweiz sehr reichhaltig und sättigend ist, backe ich ihn lieber in kleinen Förmchen als in einer großen Form. Mit gemischten Blattsalaten ist dieser herzhafte Käsekuchen eine schöne Vorspeise für Gäste. Aber selbstverständlich kann auch auf einem großen Ofenblech gebacken werden.

Für 4 Personen (als Beilage) • Zubereitung: 30 Minuten + 30 Minuten Ruhezeit + 30 Minuten Backzeit

4 TK-Blätterteigplatten
  (ca. 18 x 14 cm, à ca. 75 g)
1 Stange Lauch
1 EL Öl
200 g Sahne oder 200 ml Milch
2 Eier
250 g Greyerzer
frisch geriebene Muskatnuss
Butter für die Förmchen
Mehl zum Ausrollen
Hülsenfrüchte zum Blindbacken
Salz und Pfeffer aus der Mühle

1 Den Blätterteig auftauen lassen, dabei mit Folie bedecken, damit der Teig nicht austrocknet. Die Lauchstange längs halbieren und in Streifen schneiden. Das Öl in einer Pfanne erhitzen und den Lauch darin kurz anschwitzen, leicht salzen und beiseitestellen. Sahne und Eier verquirlen, den Käse grob reiben und unterheben. Die Mischung mit Salz, Pfeffer und Muskatnuss abschmecken.

2 Den Backofen auf 220 °C (Ober-/Unterhitze) bzw. 200 °C (Umluft) vorheizen. 4 Tartelette-Förmchen (à 14–16 cm Ø, oder 8 Tartelette-Förmchen à 10 cm Ø) leicht mit Butter einfetten. Die Teigplatten auf der leicht bemehlten Arbeitsfläche ein wenig größer ausrollen und ggf. halbieren. Boden und Seiten der Förmchen damit auslegen, dabei etwas ziehen, damit die Teigstücke groß genug sind. Mit einer Gabel Löcher in die Teigböden stechen, die Böden mit Backpapier und Hülsenfrüchten beschweren. Den Blätterteig im heißen Ofen auf der untersten Schiene 8 Minuten vorbacken.

3 Die Förmchen aus dem Ofen nehmen. Den Lauch zügig auf den Teigböden verteilen, die Sahne-Käse-Mischung darübergeben. Die Tartelettes im heißen Ofen auf der untersten Schiene in etwa 20 Minuten goldbraun backen. Die Käsekuchen auf einem Gitter abkühlen lassen und lauwarm oder kalt servieren.

Tipp:

Mit Blätterteig geht es schön schnell, oft wird der Kuchen aber auch mit einem *salzigen Mürbeteig* gebacken. Dafür 250 g Mehl mit ½ TL Salz und 150 g kalter Butter in kleinen Stücken mit den Fingerspitzen zu Krümeln zerreiben und mit 75 ml kaltem Wasser rasch verkneten. Den Teig in Frischhaltefolie gewickelt 30 Minuten kalt stellen, dann ausrollen, die Förmchen damit auslegen und wie beschrieben backen (das dauert 10 Minuten länger).

Schweizer Käsefondue

Klassiker auf neue Art

Für 4–6 Personen • Zubereitung: 40 Minuten

750 g kleine festkochende
 Kartoffeln

Salz

400 g Gemüse (z. B. Möhren, Lauch,
 Petersilienwurzeln, Rote Bete)

100 g Austernpilze

1 Knoblauchzehe

2–3 EL Butter

3 Zweige Thymian

Für den Dip:

2 EL Zitronensaft

2 EL Zitronenmarmelade

2 EL körniger Senf

100 ml Rapsöl

Salz und Pfeffer aus der Mühle

Für das Fondue:

1 kg Bergkäse (z. B. Appenzeller)

1 EL Speisestärke

400–500 ml Weißwein

gemahlene Muskatblüte oder geriebene Muskatnuss

40 ml Kirschwasser (nach Belieben)

1 Die Kartoffeln gründlich waschen und in kochendem Salzwasser 15–20 Minuten garen. In der Zwischenzeit das Gemüse wenn nötig schälen, in mundgerechte Stücke schneiden und in wenig Wasser nacheinander bissfest kochen. Fertige Gemüse aus dem Wasser heben, zuletzt 100 ml Kochwasser aufheben. Die Austernpilze in breite Streifen zupfen, die ungeschälte Knoblauchzehe zerdrücken. Die Butter in einer Pfanne zerlassen und die Pilzscheiben darin mit Thymianzweigen und Knoblauch 4 Minuten braten, dann mit Salz und Pfeffer würzen. Die Kartoffeln abgießen und abtropfen lassen.

2 Für den Dip Zitronensaft und Zitronenmarmelade mit Senf und 100 ml Gemüsekochwasser mischen, dann mit Salz und Pfeffer würzen. Das Rapsöl unterrühren und den Dip abschmecken. Ist die Konsistenz zu dickflüssig, mehr Kochwasser zugeben, bis sie cremig wird.

3 Für das Fondue den Käse entrinden, in 2 cm große Würfel schneiden und mit der Speisestärke bestäuben. Die Käsewürfel mit dem Weißwein bei mittlerer Hitze in einem Topf schmelzen, dabei oft umrühren, damit das Fondue gut bindet. Mit Muskatblüte und Kirschwasser (nach Belieben) abschmecken und noch einige Minuten köcheln lassen. Wird das Fondue später zu fest, etwas mehr Weißwein zugeben.

4 Das Käsefondue in einen Fonduetopf umfüllen (z. B. das »Caquelon«, einen in der Schweiz gerne für Käsefondue verwendeten Steinguttopf) und auf einen Rechaud stellen. Mit Kartoffeln, Gemüse, Pilzen und Dip servieren. So kann jeder Gast die Beilagen ins Fondue tauchen oder das Fondue portionsweise über die Beilagen auf dem eigenen Teller löffeln und ein wenig Dip dazugeben.

Tipp:

Zum Schweizer Käsefondue passen auch Weißbrot, grüner Salat, Alpenpickles (S. 13) oder das Alpenchutney mit Quitten (S. 104).

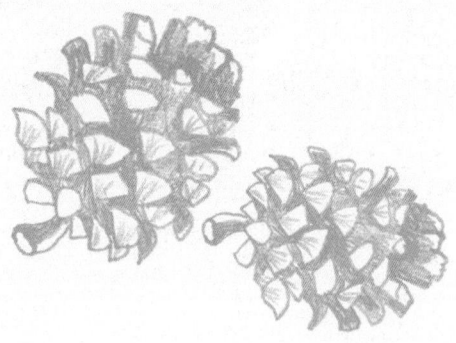

Raclette mit Honig und Nüssen

In den Walliser Hütten wird ein großer halbierter Käselaib auf eine Steinplatte am Rande eines heißen Holzfeuers gelegt, sodass die Schnittfläche innerhalb weniger Sekunden geschmolzen und an den Rändern gebräunt wird. Kurz bevor der Käse zu laufen beginnt, wird er (mit Handschuhen!) auf einen Teller geschabt und mit Beilagen sofort serviert – bei diesem Raclette können nicht alle Gäste gleichzeitig essen, sonst wird der Käse kalt.

Für 4 Personen • Zubereitung: 25 Minuten + mindestens 30 Minuten Kühlzeit

1 Bio-Zitrone

1 Bio-Orange

3 Zweige Thymian

1 getrocknete Chilischote

1 Msp. Salz

2 EL Zucker

4 Birnen oder Äpfel

600 g Raclettekäse

1 Bund Frühlingszwiebeln

100 g Hasel- oder Walnusskerne

80 g flüssiger Honig

1 Die Zitrusfrüchte heiß waschen und mit der Schale in Scheiben schneiden. Mit 1 l Wasser, Thymianzweigen, Chilischote, Salz und Zucker in einen Topf geben, aufkochen und 5 Minuten kochen lassen. In der Zwischenzeit die Birnen schälen, vierteln, von den Kerngehäusen befreien und in Spalten schneiden. Die Birnenspalten in den Topf geben und 2–3 Minuten mitkochen. Vom Herd nehmen und mindestens 30 Minuten im Sud abkühlen lassen.

2 Den Raclettekäse in Scheiben schneiden. Die Frühlingszwiebeln schräg in 2 cm breite Stücke schneiden. Die Nüsse grob hacken. Die Früchte mit einem Schaumlöffel aus dem Sud heben, gut abtropfen lassen und mit den Frühlingszwiebelstücken auf Raclettepfännchen verteilen. Mit dem Honig beträufeln, mit den Käsescheiben belegen und mit den gehackten Nüssen bestreuen. Das Raclette 5 Minuten überbacken (siehe Tipp) und sofort servieren.

Tipp:

Raclette können Sie zu Hause auf zwei Arten zubereiten: Am einfachsten ist es in Pfännchen, in die Sie nur Käsescheiben oder zusätzlich noch Kartoffeln, Früchte und Gemüse legen und die dann entweder unter dem vorgeheizten Backofengrill oder in einem Raclette-Gerät überbacken werden. Im Handel sind daneben auch spezielle Raclette-Geräte erhältlich, mit denen Sie größere Käsestücke gratinieren können. In diesem Fall legen Sie das Käsestück unter den Grill, bis die oberste Schicht geschmolzen ist und an den Rändern braun zu werden beginnt. Dann nehmen Sie den Käse heraus, schaben den geschmolzenen Teil mit einem großen Messer direkt auf einen Teller und legen das Käsestück wieder unter den Grill.

Alpenchutney mit Quitten

Für 5 Gläser (à 250 ml Inhalt) • Haltbarkeit: etwa 1 Jahr
Zubereitung: 40 Minuten + 1 Stunde Ruhezeit

250 g Schalotten

1 kg Quitten

500 g reife Aprikosen

1–2 Chilischoten

2 Stängel Bergbohnenkraut
 (besonders fein: das zitronige
 Satureja montana citriodora)
 oder Zitronenmelisse

2 TL Wacholderbeeren

2 TL Senfsamen

½ Zimtstange

250 ml frisch gepresster
 Orangensaft

2 gestrichene TL Salz

200 g Zucker

125 ml Apfelessig

1 Die Schalotten schälen, halbieren und würfeln. Die ungeschälten Quitten vierteln, von den Kerngehäusen befreien und fein würfeln. Die Aprikosen halbieren, entsteinen und in Scheiben schneiden. Die Chilischoten in Ringe schneiden. Die Bohnenkrautblättchen von den Stängeln zupfen und hacken. Die Wacholderbeeren zerdrücken oder grob hacken.

2 Chilischotenringe, Bohnenkrautblättchen, Wacholderbeeren, Senfsamen, Zimtstange und Orangensaft mit den Schalotten und den vorbereiteten Früchten in einen Topf geben und mit Salz und Zucker mischen. 1 Stunde ziehen lassen, dann zugedeckt bei schwacher Hitze 25 Minuten dünsten.

3 Den Apfelessig zugeben und etwa 5 Minuten weiterdünsten. Kurz vor Ende der Garzeit den Deckel abnehmen und das Chutney – falls erforderlich – bei mittlerer bis starker Hitze marmeladenartig einkochen. Kochend heiß in sterilisierte Schraubdeckelgläser (siehe Tipp Seite 14) füllen.

Variante:

Aus Aprikosen, Zwetschgen oder Kirschen lassen sich aromatische *Essigfrüchte* herstellen. Dafür 500 g Aprikosen halbieren und entsteinen (oder 500 g Zwetschgen mit einem Tuch abreiben und mit einer Nadel von allen Seiten einstechen, oder 500 g Kirschen waschen, aber nicht entsteinen). 200 ml Weißwein für helle oder Rotwein für dunkle Früchte mit 125 g Zucker, 125 ml Weinessig, 4 Gewürznelken, 1 Lorbeerblatt, 1 TL Senfsamen und 2 Zweigen Thymian aufkochen. Die Früchte in einer Schüssel mit der heißen Flüssigkeit übergießen und 1 Tag ziehen lassen. Die Flüssigkeit durch ein Sieb in einen Topf gießen und um ein Drittel einkochen. Die Früchte zurück in die Schüssel geben, mit der heißen Flüssigkeit übergießen und erneut 1 Tag ziehen lassen. Alles in einen Topf geben und bei schwacher Hitze aufkochen. Die Früchte mit einem Schaumlöffel aus der Flüssigkeit heben und heiß in sterilisierte Schraubdeckelgläser (siehe Tipp Seite 14) füllen. Die Flüssigkeit noch einmal aufkochen, die Früchte damit bedecken und die Gläser sofort verschließen.

Birnenketchup

Für den Vorrat

Verzärtelte Früchtchen entwickeln keinen Charakter, das ist in der Welt der Pflanzen nicht anders als bei den Menschen. Deshalb sind Aprikosen aus dem Wallis mit seinen starken Temperaturschwankungen so gut, und deshalb schmeckt mancher selbst gebrannte Bergbauern-Birnenschnaps so unglaublich aromatisch. Entscheidend für dieses Rezept: zwei schöne, reife und aromatische Birnen. Dann passt das Ketchup perfekt zu würzigem Bergkäse und zu Ziegenkäse, aber auch zu Gegrilltem.

Für ca. 500 ml • Haltbarkeit: etwa 1 Jahr • Zubereitung: 10 Minuten + 20 Minuten Garzeit

1 Chilischote

200 g milde rote Peperoni (Pfefferoni)

2 reife Birnen (à 200 g)

75 ml Weißweinessig

200 ml Birnensaft

1 TL Salz

75 g brauner Zucker

1 Chilischote und Peperoni entkernen und grob hacken. Die Birnen schälen, vierteln, von den Kerngehäusen befreien und grob würfeln. Alles mit den übrigen Zutaten in einen Topf geben, aufkochen und in 20 Minuten weich kochen.

2 Mit dem Stabmixer nicht zu fein pürieren. Noch einmal aufkochen und heiß in sterilisierte Schraubdeckelgläser oder Bügelflaschen (siehe Tipp Seite 14) füllen, sofort verschließen.

Tipp:

Wer es weniger scharf mag, kann Peperoni und Chilischoten teilweise durch Paprikaschoten ersetzen. Noch schärfer hingegen wird es, wenn Sie mehr Chilischoten statt Peperoni verwenden. Die Birnen lassen sich durch Aprikosen, Mirabellen oder lokale Pflaumensorten ersetzen – in jedem Fall die Früchte vor der Verarbeitung waschen, halbieren und entsteinen. Kleine Pflaumen mit festsitzendem Stein können Sie auch mit Stein kochen; das gekochte Ketchup dann nicht pürieren, sondern durch ein Passiergerät drehen und so die Kerne ganz einfach entfernen.

Überbackene Kasnockerl

Für 4 Personen • Zubereitung: 50 Minuten

Für den Teig:

400 g doppelgriffiges Mehl (z. B. Wiener Griessler)

7 Eier

100 ml Mineralwasser

1 gehäufte Msp. frisch geriebene Muskatnuss

1 gehäufte Msp. Salz

1 Fenchelknolle

3 Zwiebeln

3–4 EL Butter

1 Bund Petersilie

150 g Raclettekäse oder Limburger

150 g Bergkäse

4 EL Semmelbrösel (vom Bäcker oder selbst gemacht, siehe Tipp Seite 140)

3 EL Milch

Salz und Pfeffer aus der Mühle

1 Für den Teig Mehl, Eier, Mineralwasser, Muskatnuss und Salz in einer Schüssel mit einem Kochlöffel schlagen, bis der Teig zäh und dickflüssig ist und Blasen wirft. Den Teig 20 Minuten ruhen lassen.

2 In der Zwischenzeit den Backofen auf 140 °C (Ober-/Unterhitze; keine Umluft) vorheizen. Den Fenchel halbieren und in dünne Scheiben schneiden, die Zwiebeln schälen, halbieren und in dünne Streifen schneiden. 2 EL Butter in einer Pfanne zerlassen und beides darin hellgolden anbraten. Mit 4 EL Wasser zugedeckt 10 Minuten dünsten.

3 Währenddessen Salzwasser in einem großen Topf aufkochen. Die Petersilienblättchen von den Stängeln zupfen und hacken. Den Raclette- und den Bergkäse grob reiben oder zerbröseln. Die Petersilie mit Semmelbröseln, Milch, Raclette- und geriebenem Bergkäse in einer Schüssel mischen. Das Fenchelgemüse mit Salz und Pfeffer würzen und beiseitestellen.

4 Den Teig mit einem Spätzlehobel in das kochende Salzwasser reiben. Sobald die Spätzle an die Oberfläche steigen, mit einem Schaumlöffel herausheben, gut abtropfen lassen und in eine Auflaufform geben. Pfeffern, etwas Fenchelgemüse und Käsemischung darauf verteilen und im Ofen warm stellen. So lange wiederholen, bis der Teig aufgebraucht ist. Den Rest der Käsemischung auf den Spätzle verteilen und die restliche Butter in Flöckchen daraufsetzen. Den Backofen auf 250 °C (Ober-/Unterhitze; keine Umluft) oder auf Grillen stellen und die Spätzle auf der mittleren Schiene 6–8 Minuten überbacken.

Variante:

Ganz klassisch sind die *Kasnockerl mit Zwiebeln*: Statt Fenchel 400 g Zwiebeln schälen, halbieren und in Streifen schneiden. 2 EL Butter in einer Pfanne zerlassen und die Zwiebeln darin unter häufigem Rühren in 12–15 Minuten goldbraun braten, dabei gleich zu Anfang salzen. Dann wie oben beschrieben in eine Form schichten und überbacken.

Kraut und Rüben

Vegetarisch

Die vegetarische Version der Chabisbünteli oder Krautwickerl gab es schon immer, früher aus Sparsamkeit, jetzt ist sie ein schönes Beispiel für moderne Gemüseküche. Wer will, kann die Füllung mit einem Ei oder etwas Hackfleisch binden – auf die genauen Mengen kommt es nicht an, das Kohlblatt hält jede Füllung zusammen.

Für 4 Personen • Zubereitung: 35 Minuten + 1 Stunde Garzeit

1 kleiner Spitzkohl oder Weißkohl
   (ca. 1 kg)

100 g altbackene Brötchen oder
   trockenes Weißbrot, entrindet

150 ml heiße Gemüsebrühe oder
   Kochwasser vom Kohl

250 g Mairübchen oder 1 Kohlrabi
   oder 250 g Spargel

2 Knoblauchzehen

1 Bund Petersilie

3–4 Stängel Liebstöckel (nach
   Belieben)

3–4 EL Rapsöl

½ TL getrockneter Majoran oder
   Oregano

2 Zwiebeln

1 EL scharfer Senf

frisch geriebene Muskatnuss

100 g geriebener Greyerzer

1 EL Mehl

125 ml Weißwein oder Bier

100 g passierte Tomaten

Salz und Pfeffer aus der Mühle

1 Reichlich Salzwasser in einem Topf aufkochen. Den Spitzkohl mit dem Strunk auf eine große Gabel oder eine Fleischgabel spießen und immer wieder in das kochende Wasser tauchen, damit die äußeren Blätter weich werden. Dabei nacheinander vorsichtig 12 Blätter abziehen (sowie 1–2 mehr für den Fall, dass später ein Blatt zerreißt). Die dicke Mittelrippe der abgelösten Blätter flach schneiden. Die Kohlblätter auf ein Küchentuch legen und trocken tupfen. Die Brötchen halbieren und erst in dünne Scheiben, dann in fingerbreite Streifen schneiden. Mit der Gemüsebrühe übergießen und etwa 30 Minuten ziehen lassen.

2 In der Zwischenzeit 200 g des verbliebenen Spitzkohls in dünne Streifen schneiden. Die Mairübchen (oder Kohlrabi oder Spargel) schälen und fein raspeln. Die Knoblauchzehen schälen und fein hacken oder durch eine Knoblauchpresse drücken. Die Petersilien- und Liebstöckelblättchen von den Stängeln zupfen und fein hacken. 2 EL Rapsöl in einem kleinen Topf erhitzen. Kohlstreifen und geraspelte Rübchen darin mit gehacktem Knoblauch und 3 EL Wasser zugedeckt 10 Minuten dünsten. Majoran, Petersilie und

Liebstöckel unterrühren, ein paar Sekunden mitdünsten, dann vom Herd nehmen und abkühlen lassen. Die Zwiebeln schälen, halbieren und in Streifen schneiden.

3 Die ausgedrückten Brötchen mit dem Senf und dem abgekühlten Gemüse in eine Schüssel geben. Kräftig mit Salz, Pfeffer und etwas Muskatnuss würzen, den Käse unterrühren und alle Zutaten verkneten. Die Füllung auf die 12 Kohlblätter verteilen. Die Seiten der Kohlblätter zur Mitte hin einschlagen und die Blätter straff einrollen. Die Krautwickel mit je 1 Zahnstocher fixieren.

4 Das restliche Rapsöl erhitzen und die Rouladen darin von beiden Seiten ca. 5 Minuten anbraten. Die Zwiebelstreifen zufügen, alles mit dem Mehl bestäuben und 2 Minuten weiterbraten. Mit etwas Weißwein ablöschen, passierte Tomaten zugeben. Zugedeckt 40–50 Minuten schmoren, dabei immer wieder etwas Weißwein zugeben, sodass allmählich eine sämige, glänzende Sauce entsteht. Sobald der Wein verbraucht ist, heißes Wasser zugeben. Die Krautwickel mit der Sauce servieren. Dazu passt Kartoffelpüree.

Scarpatscha/Spinatauflauf

Der saftige Spinat- oder Krautstielauflauf ist in Graubünden sehr verbreitet, das schöne Wort kommt übrigens aus dem Rätoromanischen. In der Küchensprache sind einige dieser klangvollen Worte in den Bündner Dialekt übergegangen. Mit anderen Gemüsesorten klappt das Rezept auch, festes Gemüse wie Möhren erst kurz dünsten und dann mit den anderen Zutaten einschichten.

Für 4 Personen • Zubereitung: 35 Minuten + 30 Minuten Backzeit

200 g trockenes Bauernbrot in Scheiben

300 g Blattspinat

5 Frühlingszwiebeln

2 Stangen Staudensellerie

2 Möhren

1 Bund Dill

2 EL Butter und Butter für die Form

200 ml Milch

3 Eier

frisch geriebene Muskatnuss

100 g Greyerzer

Salz und Pfeffer aus der Mühle

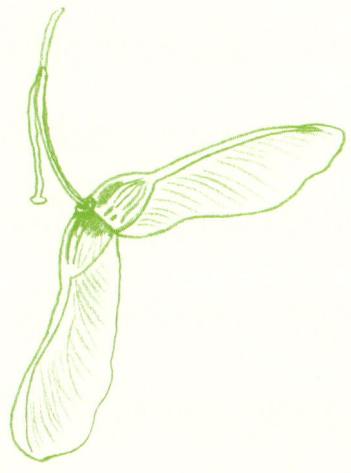

1 Den Backofen auf 200 °C (Ober-/Unterhitze) bzw. 180 °C (Umluft) vorheizen. Das Bauernbrot in dünne Streifen schneiden und in 100 ml warmem Wasser einweichen. Den Blattspinat putzen, die Frühlingszwiebeln in feine Ringe schneiden. Die Selleriestangen in dünne Scheiben schneiden, die Möhren schälen, längs vierteln und quer in dünne Scheiben schneiden. Den Dill hacken.

2 Die Butter in einer Pfanne zerlassen. Spinat, Frühlingszwiebelringe, Sellerie- und Möhrenscheiben mit dem gehackten Dill zugeben. Salzen und pfeffern, dann zugedeckt 5 Minuten dünsten. In der Zwischenzeit Milch und Eier in einer Schüssel verrühren und mit Salz, Pfeffer und Muskatnuss würzen. Den Greyerzer reiben. Eine große Auflaufform (oder 4 Auflaufförmchen) mit Butter einfetten.

3 Das gedünstete Gemüse, das ausgedrückte Brot und den geriebenen Käse nacheinander in die Form oder die Förmchen schichten. Mit der Eiermilch übergießen und im heißen Ofen auf der mittleren Schiene in etwa 30 Minuten goldbraun backen (in den Förmchen dauert es nur etwa 20 Minuten).

Tipp:

Als Beilage zu Schmorgerichten reicht der Scarpatscha für 6–8 Personen. Wenn Sie ihn als Hauptgericht für 4 Personen servieren, passt ein frischer Salat dazu oder eine leichte, fruchtige Vinaigrette ohne Öl. Dafür 1 Pfirsich oder 3 Aprikosen halbieren, entsteinen und klein würfeln. 1 Schalotte schälen und sehr fein würfeln, 1 Chilischote fein hacken. 2 EL Zitronensaft, 1 EL Zitronenmarmelade, 2 EL weißes Mandelmus und 3 EL Gemüsebrühe oder Wasser verrühren. Früchte zugeben, alles mischen und salzen, auf dem Auflauf verteilen.

Flan di verza con fonduta

Für 4 Personen (als Beilage) • Zubereitung: 1 Stunde + 2 Stunden Ruhezeit + 40 Minuten Backzeit

300 g Fontina (DOP-Käse aus dem
  Aostatal)

125 ml Milch

400 g Wirsing

250 g gekochte Esskastanien

4–5 Schalotten

50 g Butter und Butter für die
  Förmchen

frisch geriebene Muskatnuss

250 g Sahne

4 Eier

Semmelbrösel für die Förmchen

Salz und Pfeffer aus der Mühle

1 Den Fontina-Käse grob reiben und mit der Milch mischen, mindestens 2 Stunden ziehen lassen.

2 In der Zwischenzeit die Wirsingblätter in Streifen schneiden, dabei dicke Blattrippen entfernen. Die Esskastanien in große Stücke schneiden. Die Schalotten schälen, halbieren und in Streifen schneiden. Die Hälfte der Butter in einem großen Topf zerlassen und die Schalotten darin bei schwacher Hitze 2–3 Minuten anschwitzen. Wirsingstreifen und Esskastanienstücke zugeben, kurz braten. Mit Salz, Pfeffer und Muskatnuss würzen. Die Sahne angießen, dann zugedeckt bei schwacher Hitze etwa 10 Minuten dünsten, bis alle Zutaten gar sind.

3 Den Backofen auf 180 °C (Ober-/ Unterhitze) bzw. 160 °C (Umluft) vorheizen. Das Wirsinggemüse mit dem Stabmixer oder im Blitzhacker nicht zu fein pürieren. 3 Eier trennen, die Eigelbe beiseitestellen. Das Gemüse mit 1 Ei und 3 Eiweißen verrühren, abschmecken. Vier Timbale- oder Souffléförmchen (à 150 ml) mit Butter einfetten, mit Semmelbröseln ausstreuen und mit der Wirsingmasse füllen. Die Wirsingtörtchen im heißen Ofen auf der mittleren Schiene 35 Minuten backen.

4 Kurz vor Ende der Garzeit die Käse-Milch-Mischung mit der restlichen Butter über einem Wasserbad erhitzen, bis der Käse geschmolzen ist. Dabei ständig mit einem Holzlöffel rühren. Sobald Milch und Käse sich zu einer relativ dicken Masse verbunden haben, nacheinander die Eigelbe zugeben. Dadurch wird die Fonduta erst einmal flüssiger und dann aber cremig. Das dauert 5–10 Minuten, manchmal sogar noch etwas länger. Währenddessen darf die Mischung nicht zu heiß werden, das Wasser im Topf soll also nur leicht kochen. Sobald die Fonduta cremig wird, sofort vom Herd nehmen und in einen zweiten Topf füllen. Abschmecken, falls nötig die Creme kurz mit dem Stabmixer glatt pürieren.

5 Die Wirsingtörtchen aus dem Ofen nehmen, vorsichtig auf Teller stürzen und mit der Käsecreme servieren.

Polentaknödel mit Bratensauce

32 Käsereien in den Kantonen um Luzern produzieren jedes Jahr knapp 45 000 Sbrinz-Laibe zu je 43 Kilogramm. Sbrinz ähnelt in vielerlei Hinsicht Parmigiano Reggiano, doch zwei Unterschiede rechtfertigen die Suche nach dem selteneren Käse: Sbrinz-Kühe haben das ganze Jahr freien Auslauf, die Hälfte ihres Lebens verbringen viele auf der Hochalp. Dort wachsen andere Kräuter als am Rande der Po-Ebene, folglich schmeckt die Milch anders und der Käse auch.

Für 4 Personen • Zubereitung: 30 Minuten

500 ml Milch

500 ml Gemüsebrühe

1 EL Butter

1 Knoblauchzehe

1 Msp. frisch geriebene Muskatnuss

300 g Instant-Polenta

100 g Mehl

1 Bund Schnittlauch

100 g Sbrinz oder anderer Bergkäse

200 ml Bratensauce (oder siehe Tipp)

Salz und Pfeffer aus der Mühle

1 Milch und Gemüsebrühe mit der Butter in einem Topf aufkochen. Die Knoblauchzehe schälen und fein hacken, dann zugeben. Die Mischung mit Salz, Pfeffer und Muskatnuss kräftig würzen. Kurz vorm Herd nehmen, die Polenta zufügen und unter häufigem Rühren nach Packungsanweisung garen.

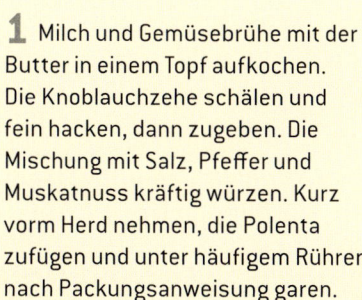

2 Die Polenta etwas abkühlen lassen, dann mit dem Mehl verkneten und mit feuchten Händen zu walnussgroßen Knödeln formen. In einem Topf mit leicht kochendem Salzwasser in etwa 15 Minuten gar ziehen lassen. In der Zwischenzeit den Schnittlauch in feine Röllchen schneiden, den Käse reiben und die Bratensauce aufkochen.

3 Die Knödel mit einem Schaumlöffel aus dem Wasser heben und kurz abtropfen lassen. Die Polentaknödel mit der Bratensauce auf Tellern anrichten, mit Schnittlauchröllchen und geriebenem Käse bestreuen und servieren. Passt ohne Bratensauce auch zu Schmorgerichten wie Kalbsbraten (S. 150) oder Pulled Hirschpfeffer (S. 159).

Tipps:

Die Garzeit von Polenta hängt von der verwendeten Art ab: Die Instant-Variante ist nach 5–10 Minuten fertig, Bramata (grober Maisgrieß) hat meist eine Garzeit von etwa 30 Minuten, dafür sollten je 600 ml Milch und Gemüsebrühe verwendet werden. Die Bratensauce für dieses Gericht sollte selbst gemacht sein. Ist keine Bratensauce zur Hand, reichen Sie lieber Rahmspinat, Rahmschwammerl (siehe Tipp Seite 94) oder Tomatensauce dazu – oder kochen Sie eine *schnelle vegetarische Bratensauce*: 1 Zwiebel, 2 Knoblauchzehen und 200 g Wurzelgemüse schälen und klein würfeln. 2 EL Olivenöl in einem Topf erhitzen und das Gemüse darin mit 1 Msp. Salz 3 Minuten braten. Mit 1–2 TL Mehl bestäuben und weitere 2 Minuten braten. 2 EL passierte Tomaten und 1 EL gehackte Kräuter (z. B. Salbei, Rosmarin oder Thymian) unterrühren und mit 2 EL Sojasauce ablöschen. 250 ml Gemüsebrühe oder Wasser zugeben und die Sauce 10 Minuten köcheln lassen, dann mit Salz und Pfeffer abschmecken.

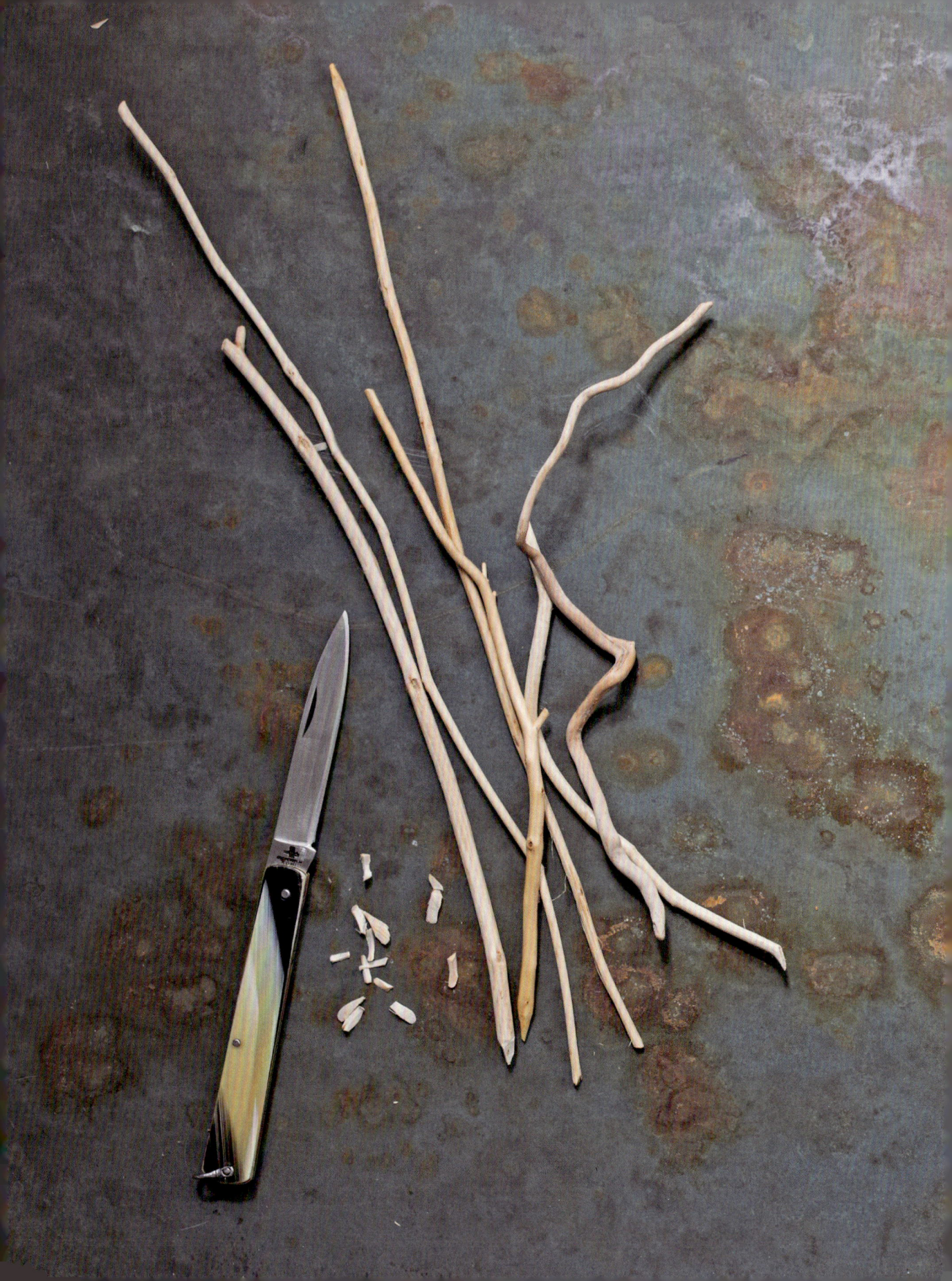

Fisch

Steckerlfisch im Vinschgerl

Für 4 Personen • Zubereitung: 45 Minuten + einige Stunden Einweichzeit

Für die Marinade:

1 EL scharfer Senf

Saft von ½ Zitrone

1 EL Chilisauce oder Birnenketchup
 (S. 107)

1 TL Fenchelsamen

1 TL Pfefferkörner

4 EL Olivenöl

Für die Radieschensauce:

1 Bund Radieschen

100 g saure Sahne

3 EL Mayonnaise

Salz und Pfeffer aus der Mühle

1 Handvoll Löwenzahn oder Rucola

2 Renken, Seesaiblinge oder
 Forellen

Öl für den Grillrost

4 Vinschgerl (Südtiroler Fladenbrötchen) oder Roggenbrötchen

1 Stück frische Meerrettichwurzel
 (5 cm) oder 3 EL geriebener Meerrettich aus dem Glas

Salz

2 dickere Grillspieße aus Holz,
 einige Stunden in kaltes Wasser
 gelegt

1 Für die Marinade Senf, Zitronen-saft und Chilisauce mischen. Fen-chelsamen und Pfefferkörner im Mörser zerstoßen oder in einer Gewürzmühle schroten. Alles mit dem Olivenöl verrühren.

2 Für die Radieschensauce die Radieschen putzen, raspeln und salzen. Ein paar Minuten ruhen lassen, dann in einem Küchentuch ausdrücken. Die Radieschenraspeln in einer Schüssel mit saurer Sahne und Mayonnaise verrühren und mit Salz und Pfeffer abschmecken.

3 Den Löwenzahn in mundgerechte Stücke schneiden. Den Holzkohlegrill vorheizen – nicht zu heiß – und die Renken aufspießen: Die Holzspieße quer durch den Fischschwanz sto-ßen, drehen und durch den Fisch nach vorne führen, schließlich von hinten durch den Kopf und zum Maul wieder hinaus stecken.

4 Den Grillrost mit einem geölten Küchenpapier einreiben. Die Fische salzen, auf den Rost legen und von beiden Seiten insgesamt 12–15 Mi-nuten grillen, dabei zweimal wenden und immer wieder mit der Marinade bestreichen. Mit einem Messer das Fischfilet an der dicksten Stelle vorsichtig anheben – wenn sich das Fleisch gut von der Gräte lösen lässt, ist der Fisch gar. Die gegrill-ten Fische noch einmal dick mit Marinade bestreichen und auf ein Schneidebrett oder eine Servier-platte legen. Zuerst die oberen

Filets abheben, anschließend vor-sichtig die Mittelgräte samt Spieß abziehen, und zuletzt die unteren Filets von Grätenresten befreien. Die Fischfilets zerzupfen.

5 Die Vinschgerl aufschneiden und kurz auf dem Grill rösten. Die ge-rösteten Brötchen mit Radieschen-sauce, Löwenzahnstücken und zerzupfter Renke füllen, reichlich Meerrettichwurzel darüberreiben und warm servieren.

Tipp:

Die Holzspieße für dieses Gericht kann man auch im Garten schneiden – oder man verwen-det große Metallspieße, die nicht eingeweicht werden müssen. Wenn Sie unsicher sind, ob das Grillgut am Rost des Holzkohlegrills haften bleibt, grillen Sie die Fische lieber in einem Klappgitter und legen Sie sie nicht direkt auf den Rost.

Gebackenes Karpfenfilet mit Zitronenremoulade

Durch die Verknüpfung von asiatischen und europäischen Küchentricks entsteht ein wunderbar saftig-knuspriger Karpfen ohne lästige Gräten. Vorsicht Suchtgefahr!

Für 4 Personen • Zubereitung: 35 Minuten + 18 Stunden Ruhezeit

400–500 g Karpfen-, Renken-,
  Forellen- oder Saiblingsfilet,
  küchenfertig
2 EL Salz
5 EL Essig
500 g Butterschmalz
1 Zitrone, in Spalten geschnitten,
  zum Servieren

Für den Teig:
75 g Mehl
1 Ei
½ TL Paprikapulver edelsüß oder
  Chiliflocken

Für die Zitronenremoulade:
1 Bio-Zitrone
6 junge Knoblauchzehen
2 EL Zucker
1 Bund Petersilie
2 TL scharfer Senf
100 ml Sonnenblumenöl
Salz und Pfeffer aus der Mühle

1 Die Karpfenfilets mit der Hautseite nach unten auf ein Schneidebrett legen. Den Rücken – also den dicken Teil des Filets – längs im Abstand von 3 mm mehrfach tief einritzen. Die Filets in einer Schüssel gründlich mit 1 EL Salz einreiben, mit Frischhaltefolie abdecken und 12 Stunden kalt stellen. Anschließend mit 2 EL Essig beträufeln, um das Salz zu lösen, und waschen. Die Filets quer in 3 cm breite Streifen schneiden. Ein Stück Küchenpapier mit dem restlichen Essig beträufeln, die Filetstreifen darin einwickeln und 6 Stunden kalt stellen.

2 Für den Teig 125 ml Wasser im Gefrierfach fast gefrieren lassen oder eiskaltes Wasser mit zerstoßenen Eiswürfeln zu gleichen Teilen mischen. Das Fischfilet auswickeln und mit Mehl, Ei und Paprikapulver ebenfalls ins Gefrierfach stellen.

3 Für die Zitronenremoulade die Zitrone heiß waschen, die Schale dünn abschälen und hacken, den Saft auspressen. Die Knoblauchzehen schälen, in dicke Scheiben schneiden und mit 100 ml Wasser in einen sehr kleinen Topf geben und 12 Minuten kochen. Abgießen, mit Zucker, Zitronenschale und 2 EL

Zitronensaft neu aufsetzen und leicht einkochen. Die Petersilienblättchen von den Stängeln zupfen und grob hacken. Mit Zitronensirup, Senf und 5 EL Wasser in ein hochwandiges Gefäß geben und mit dem Stabmixer fein pürieren. Mit Salz und Pfeffer würzen, dann nach und nach das Sonnenblumenöl untermixen, bis die Remoulade cremig wird.

4 Das Butterschmalz in einer Pfanne zerlassen, auf etwa 175 °C erhitzen – ein Petersilienblatt oder ein Teigtropfen beginnen im heißen Fett sofort zu sprudeln, das Fett raucht aber noch nicht. Die Teigzutaten aus dem Gefrierfach nehmen und mit einer Gabel schnell verrühren, sodass noch Klümpchen und Eisstückchen im Teig bleiben. Die kalten Filetstreifen durch den Teig ziehen und im heißen Butterschmalz portionsweise knusprig ausbacken. Das Karpfenfilet mit einem Schaumlöffel herausheben, auf Küchenpapier abtropfen lassen und heiß mit Zitronenremoulade und Zitronenspalten servieren. Dazu passen gemischte Blattsalate.

Saiblingsfilet mit gebratenem Mangold

Für 4–6 Personen • Zubereitung: 30 Minuten

2 Schalotten

3 EL Butter

500–600 g Saiblingsfilet

100 ml Weißwein

100 ml trockener Wermut (z. B. Noilly Prat)

1 Bund Dill

200 g Sahne

1 TL scharfer Senf

Salz und Pfeffer aus der Mühle

Für den Mangold:

500 g Mangold oder Wurzelspinat mit großen Blättern

2 Knoblauchzehen

3 EL Olivenöl

1 Msp. frisch geriebene Muskatnuss

Salz

1 Den Backofen auf 120 °C (Umluft, keine Ober-/Unterhitze) vorheizen. Die Schalotten schälen und in Ringe schneiden. In einer großen, ofenfesten Pfanne (die Fischfilets sollen nebeneinander hineinpassen) 1 EL Butter zerlassen und die Schalottenringe darin 2 Minuten anschwitzen. Die Saiblingsfilets mit Salz und Pfeffer würzen, mit der Hautseite nach oben in die Pfanne legen und 2 EL Butterflöckchen daraufsetzen. Weißwein und Wermut zugeben, einmal aufkochen, dann im heißen Ofen auf der mittleren Schiene etwa 20 Minuten sanft gar ziehen lassen.

2 Für den Mangold das Gemüse von zähen Stielenden befreien. Die ungeschälten Knoblauchzehen leicht quetschen. Das Olivenöl in einer großen Pfanne erhitzen und den Mangold darin in zwei Portionen mit je 1 Knoblauchzehe bei stärkster Hitze je etwa 3 Minuten braten, dann mit Salz und Muskatnuss würzen und warm stellen.

3 Den Dill hacken. Den Ofen ausschalten, die Pfanne mit den Saiblingsfilets aus dem Ofen nehmen und die Fischfilets auf einer Servierplatte im geöffneten Ofen warm stellen. Die Sauce in der Pfanne bei starker Hitze um zwei Drittel einkochen, dann die Sahne unterrühren und weiterkochen, bis die Sauce cremig wird.

4 In der Zwischenzeit von den Fischfilets die Haut mit einer Gabel abziehen und entfernen. Die Sauce vom Herd nehmen, mit Senf und gehacktem Dill verrühren und abschmecken. Die Saiblingsfilets mit dem gebratenen Mangold und der Sauce servieren. Dazu passt eine Kartoffelbeilage oder ganz einfach Weißbrot.

Zander-Kürbis-Laiberl

Für 4 Personen (12 Stück) • Zubereitung: 1 Stunde 15 Minuten

800 g Hokkaidokürbis

2 TL Zitronensaft

6 EL Rapsöl

400 g Zanderfilet oder anderes
 helles Fischfilet, küchenfertig

2 Frühlingszwiebeln

3 EL Pinienkerne

1 EL Kürbiskernöl

Rauchsalz, Salz und Pfeffer aus der
 Mühle

1 Den Backofen auf 200 °C (Ober-/Unterhitze) bzw. 180 °C (Umluft) vorheizen. Den Kürbis halbieren, entkernen und in 2 cm breite Spalten schneiden. In einer Schüssel mit Zitronensaft und 2 EL Rapsöl mischen, dann mit Salz und Pfeffer würzen. Die Kürbisspalten auf einem mit Backpapier ausgelegten Backblech verteilen und im heißen Ofen auf der mittleren Schiene 15–20 Minuten bissfest garen.

2 Die Kürbisspalten aus dem Ofen nehmen und ein Drittel davon fein hacken, den Rest beiseitestellen. Das Zanderfilet mit einem großen Messer fein hacken. Die Fischmasse in einer Schüssel mit Rauchsalz kräftig würzen, gut mischen und mit Frischhaltefolie abgedeckt 30 Minuten ins Gefrierfach stellen. Währenddessen die Frühlingszwiebeln längs halbieren und quer in dünne Streifen schneiden. Die Pinienkerne in einer Pfanne ohne Fett hellbraun rösten, dann abkühlen lassen. 1 EL Rapsöl mit dem Kürbiskernöl in einer Pfanne erhitzen und die Frühlingszwiebelstreifen darin 3 Minuten anschwitzen. Mit den gerösteten Pinienkernen und dem gehackten Kürbis in einer Schüssel mischen und mit Rauchsalz würzen. Mit Frischhaltefolie abdecken und ins Gefrierfach stellen.

3 Zander- und Kürbismassen aus dem Gefrierfach nehmen, mischen und gründlich verkneten, bis ein Teig wie für Frikadellen entsteht. Den Fisch-Kürbis-Teig abschmecken und mit feuchten Händen 12 flache

Bratlinge daraus formen. 2 EL Rapsöl in einer großen Pfanne erhitzen und die Bratlinge darin (falls nötig portionsweise) bei mittlerer Hitze 6–8 Minuten braten, dabei einmal wenden. Parallel dazu in einer weiteren großen Pfanne die restlichen Kürbisspalten in 1 EL Rapsöl kurz erhitzen. Die Zander-Kürbis-Laiberl mit Kürbisspalten anrichten und servieren. Dazu passt scharfer Senf oder Estragon-Limoni-Senf (S. 145).

Variante:

Für klassische *Fischpflanzerl* 125 g trockenes Weißbrot möglichst klein würfeln, mit 100 ml zimmerwarmer Milch übergießen und 30 Minuten ziehen lassen. In der Zwischenzeit 1 Zwiebel schälen und klein würfeln, 2 Stangen Staudensellerie ebenfalls klein würfeln. 1 Bund Dill hacken. 400 g Fischfilet (z. B. Forelle, Saibling, Zander, gerne auch gemischt) fein hacken. Die Brotwürfel ausdrücken und mit 2 Eiern, Zwiebel- und Selleriewürfeln, Dill und Fisch mischen. Die Masse mit Salz abschmecken und mit feuchten Händen 12 flache Bratlinge formen. Etwas Rapsöl in einer Pfanne erhitzen und die Bratlinge darin bei mittlerer Hitze von beiden Seiten insgesamt 6–8 Minuten braten.

Räucherforellenpflanzerl mit Gurkensalat

Für 4 Personen • Zubereitung: 35 Minuten

Für die Bratlinge:

1 große Zucchini (ca. 300 g)

125 ml Milch

2 altbackene Brötchen (80–100 g)
 oder 4 Scheiben Weißbrot

1 Zwiebel

2 Knoblauchzehen

1 EL Butter

150 g geräuchertes Forellenfilet

1 Ei

1 EL Senf

frisch geriebene Muskatnuss

2 EL Rapsöl

Salz und Pfeffer aus der Mühle

Für den Gurkensalat:

1 Salatgurke

1 Handvoll Wiesenkräuter (z. B.
 Bachkresse, Löwenzahn, Sauerampfer und Vogelmiere) oder Dill

150 g Joghurt oder saure Sahne

1 EL Rapsöl oder Kürbiskernöl

Salz und Pfeffer aus der Mühle

1 Die Zucchini grob raspeln, salzen und mit der Faust oder einer Gabel leicht zerdrücken. Die Milch lauwarm erhitzen. Die Brötchen halbieren, sehr klein würfeln oder zerbröseln und in der Milch einweichen. Zwiebel und Knoblauchzehen schälen und fein würfeln. Die Butter in einer Pfanne zerlassen, Zwiebel- und Knoblauchwürfel darin 2 Minuten anschwitzen. Das Forellenfilet in kleine Stücke zerzupfen. Die Zucchiniraspel in einem Küchentuch fest ausdrücken, die Brötchen mit der Hand ausdrücken. Beides mit Forellenstückchen, Ei, Senf und der Zwiebelmischung verkneten. Die Masse mit Salz, Pfeffer und Muskatnuss abschmecken und beiseite stellen.

2 Für den Gurkensalat die Salatgurke schälen, längs halbieren und die Kerne mit einem Teelöffel herausschaben. Die Gurkenhälften schräg in lange, dünne Stücke schneiden, dann salzen und pfeffern. Die Wiesenkräuter grob hacken. Den Joghurt glatt rühren und mit Salz und Pfeffer leicht würzen.

3 Aus der Fischmasse mit feuchten Händen kleine, flache Bratlinge formen. Das Rapsöl in einer großen Pfanne erhitzen und die Bratlinge darin (falls nötig portionsweise) bei mittlerer Hitze von beiden Seiten insgesamt 6–8 Minuten braten. Die Gurkenstücke mit Joghurt und gehackten Kräutern anrichten und mit dem Rapsöl beträufeln. Die Räucherforellenpflanzerl mit dem Gurkensalat servieren.

Tipp:

Kommt Ihnen die Fischmasse vor dem Braten zu weich vor, kneten Sie 1 EL Semmelbrösel unter; ist sie Ihnen zu fest, fügen Sie 1 EL Milch oder Wasser zu – aber keine Sorge, die Pflanzerl halten auf jeden Fall.

Zanderpäckchen mit Spargel

Für 4 Personen • Zubereitung: 30 Minuten

700 g Zanderfilet mit Haut
  (von 2 Zandern à 800–900 g),
  küchenfertig
1 TL Zitronensaft
75 g Bündner Fleisch
  (16–20 Scheiben)
1 Knoblauchzehe
1 Tomate
1 Zweig Thymian
150 ml Weißwein
400 ml Fischfond aus dem Glas oder
  selbst gemacht (siehe Tipp)
1 kg weißer oder grüner Spargel
4 EL Olivenöl
1 Bund Schnittlauch
10–20 g kalte Butter
Salz und Pfeffer aus der Mühle

1 Die Zanderfilets quer in 16 Stücke schneiden, leicht salzen und mit dem Zitronensaft beträufeln. Die Hälfte der Fischstücke mit der Hautseite nach unten auf ein Schneidebrett legen, mit je 1 Scheibe Bündner Fleisch belegen und mit je 1 weiterer Fischstück bedecken (Hautseite nach oben), leicht andrücken. Dabei flachere mit dickeren Fischstücken kombinieren, sodass am Ende alle 8 Päckchen etwa gleich hoch sind. Kalt stellen.

2 Die ungeschälte Knoblauchzehe zerdrücken, die Tomate grob würfeln. Mit dem restlichen Bündner Fleisch, Thymian, Weißwein und Fischfond in einen Topf geben und auf 200 ml einkochen, dann durch ein feines Sieb in einen Messbecher gießen.

3 Den Spargel schälen (bei grünem Spargel nur das untere Ende). 2 EL Olivenöl in einer großen Pfanne erhitzen und den Spargel darin zugedeckt bei mittlerer Hitze 10 Minuten dünsten, dann mit Salz und Pfeffer würzen. Mit der reduzierten Sauce ablöschen und ohne Deckel bei starker Hitze um ein Drittel einkochen. Währenddessen den Schnittlauch in Röllchen schneiden und in die Sauce geben. Die Sauce abschmecken. Die Butter in Würfel schneiden, zum Spargel geben und die Pfanne schwenken, um die Sauce leicht zu binden.

4 Das restliche Olivenöl in zwei Pfannen erhitzen und die Zanderpäckchen darin bei mittlerer Hitze 6–8 Minuten braten, dabei einmal vorsichtig wenden. Die Sauce mit dem Spargel nochmals aufkochen und mit den Zanderpäckchen servieren.

Tipp:

Für *selbst gemachten Fischfond* Zandergräten und -kopf (ohne Kiemen) vom Fischhändler einpacken lassen. In einem kleinen Topf mit Wasser bedecken. Etwas Gemüse (z. B. Tomate, Lauch, Knollensellerie und Fenchel) ggf. schälen, dann klein schneiden und zugeben. Nach Belieben 1 Knoblauchzehe, 1 Zweig Thymian, einige zerdrückte Pfefferkörner und 1 Spritzer Pernod zufügen. Alles aufkochen und bei schwacher Hitze 25 Minuten köcheln lassen, ab und zu abschäumen und nach 10 Minuten leicht salzen. Den fertigen Fischfond durch ein feines Sieb oder ein feuchtes Passiertuch gießen und gleich verwenden oder einfrieren.

Gebratene Renke

Renke heißt auch Reinanke oder Felchen. Reißen Renken beim Garen auf, sieht das zwar nicht schön aus, ist aber ein Zeichen für absolute Frische. Einen oder auch zwei Tage nach dem Fang sind die Fische immer noch frisch, reißen aber nicht mehr auf – braten kann man Renken sowohl am ersten, als auch am zweiten oder dritten Tag.

Für 4 Personen • Zubereitung: 30 Minuten

800 g–1 kg fest- oder mehligkochende Kartoffeln

4 Renken oder Forellen (à ca.
400 g), küchenfertig

etwa 125 g doppelgriffiges Mehl
(z. B. Wiener Griessler)

80 g Butter

3 EL Öl

1 Bund Petersilie

2 Zitronen

Salz und Pfeffer aus der Mühle

1 Die Kartoffeln schälen, in größere Stücke schneiden und in kochendem Salzwasser 15–20 Minuten garen. In der Zwischenzeit die Renken unter fließendem kaltem Wasser waschen, abtropfen lassen und mit Küchenpapier trocken tupfen. Die Fische innen und außen salzen und pfeffern. Das Mehl in einen tiefen Teller geben und die Renken darin wenden, überschüssiges Mehl abklopfen.

2 Etwa 10 Minuten vor Ende der Garzeit der Kartoffeln eine große Pfanne bei mittlerer bis starker Hitze erwärmen. 60 g Butter mit dem Öl in der Pfanne zerlassen und aufschäumen. Die Renken darin bei schwacher Hitze 5 Minuten braten, dabei ab und zu die Pfanne leicht rütteln, damit sich die Butter gleichmäßig verteilt. Währenddessen die Petersilienblättchen von den Stängeln zupfen und grob hacken. Den Saft von 1 Zitrone auspressen, 1 Zitrone in Spalten schneiden.

3 Die Renken nacheinander mit einer Gabel direkt hinter dem Kopf hochheben und vorsichtig wenden, in 5 Minuten fertig braten. Dabei häufig mit der Butter begießen. Die Kartoffeln abgießen und abtropfen lassen. Die Fische mit einem Pfannenwender vorsichtig aus der Pfanne heben und auf Teller verteilen. Die restliche Butter mit Zitronensaft und Petersilie in die Pfanne geben und aufschäumen. Die Renken mit der aufgeschäumten Zitronen-Petersilien-Butter beträufeln und sofort mit Kartoffeln und Zitronenspalten servieren.

Tipp:

Um eine gebratene Renke oder einen anderen Rundfisch auf dem Teller zu zerlegen, zunächst mit einer Gabelzinke hinter dem Kopf unter die Haut fahren. In der Mitte des Filets bis zur Schwanzflosse fahren und so die Haut teilen. Jetzt sieht man deutlich eine Linie zwischen dem Rückenfilet und dem Bauchfilet. Mit der Gabel den Fisch festhalten, mit einem Messer oder Fischmesser das Rückenfilet von den Gräten heben, dann das Bauchfilet von der Mitte her ebenfalls abheben bzw. vorsichtig von der Mittelgräte herunterschieben. Den Kopf mit der Mittelgräte abziehen, sodass die unteren beiden Filets auf dem Teller liegen bleiben. Zuletzt einzelne Gräten zur Seite schieben – vor allem an den Bauchfilets befinden sich oft noch einige Gräten.

Forellengröstl mit Kartoffel-chips und knusprigem Salbei

Eigentlich sind Gröstl Rezepte zur Resteverwertung, eher ein-fach und sättigend. Das Forellengröstl ist das genaue Gegenteil: fein, knusprig und saftig. Bestens geeignet als kleine Vorspeise zusammen mit einem erstklassigen Südtiroler Weißwein an einem gemütlichen Sonntagnachmittag. Für mehr reicht es auch gar nicht, denn nur kleine Mengen Kartoffeln lassen sich wirklich knusprig braten und auch die Forelle gelingt so am besten.

Für 4 Personen • Zubereitung: 35 Minuten

Für das Gröstl:
500 g Forellen- oder Zanderfilet, küchenfertig (nach Belieben ohne Haut)
500 g kleine festkochende Kartof-feln (z. B. Kipfler, Sieglinde oder Rosa Tannenzapfen)
1 Bund Salbei
200 ml Olivenöl
Salz und Pfeffer aus der Mühle

Für die Würzmischung:
1 Bio-Zitrone
3 junge Knoblauchzehen
½ TL Fenchelsamen

1 Die Forellenfilets in fingerbreite Streifen schneiden und leicht salzen.

2 Die ungeschälten Kartoffeln waschen, fein hobeln und 10 Minu-ten in lauwarmes Wasser legen. In der Zwischenzeit die Salbeiblätt-chen von den Zweigen zupfen. 150 ml Olivenöl in einem kleinen Topf erhitzen und die Salbeiblätt-chen darin knusprig ausbacken. Mit einem Schaumlöffel aus dem Öl heben, auf Küchenpapier ab-tropfen lassen und leicht salzen. Die Kartoffelscheiben abgießen, abtropfen lassen und mit Küchen-papier trocken tupfen, dann im Salbeiöl portionsweise goldgelb und knusprig ausbacken. Mit einem Schaumlöffel aus dem Öl heben, auf Küchenpapier abtropfen lassen und leicht salzen.

3 Für die Würzmischung die Zitrone heiß waschen, abtrocknen und halbieren. Eine Hälfte in Spalten schneiden, von der anderen die Schale abreiben und den Saft auspressen. Die Knoblauchzehen schälen und fein hacken, die Fenchelsamen ebenfalls hacken. Zitronensaft und -schale, Knoblauch und Fenchelsamen mischen.

4 Das restliche Olivenöl in einer Pfanne erhitzen. Die Forellenstrei-fen mit der Hautseite nach unten hineinlegen und bei starker Hitze 3–4 Minuten braten, dabei einmal wenden. Mit der Würzmischung bestreuen. Die Fischstreifen noch einmal wenden, dann vorsichtig aus der Pfanne heben und auf Teller verteilen. Die Forellengröstl mit Kartoffelchips, knusprigem Salbei und Zitronenspalten servieren.

Gedünstete Eglifilets mit Bündner Fleisch

Schnell

Der Lieblingsfisch vieler Schweizer Köche ist der Flussbarsch oder Egli. Der kleine Raubfisch schmeckt sehr fein und ist besonders saftig. Außerhalb der Schweiz am besten Flussbarsch oder Renke nehmen – oder einfach den Süßwasserfisch, den es in der Region gibt. Denn der frischeste Fisch ist immer der beste – was in vielen Gegenden für Fisch aus Seen und Flüssen spricht.

Für 4 Personen • Zubereitung: 35 Minuten

2 EL Walnusskerne

2 EL Butter

½ Bund Rucola

1 Zwiebel

500–600 g Flussbarsch- oder Renkenfilets

75 ml Weißwein

evtl. 75 ml Gemüsebrühe

200 g Crème fraîche

1 EL Walnuss- oder Olivenöl

75 g Bündner Fleisch (16–20 Scheiben)

Salz

1 Die Walnusskerne sehr grob hacken. 1 TL Butter in einer Pfanne zerlassen und die Walnusskerne darin rösten, bis sie duften und an manchen Stellen leicht gebräunt sind. Aus der Pfanne nehmen und leicht salzen. Den Rucola von dicken Stielen befreien und die Blätter in Stücke schneiden.

2 Eine große, ofenfeste Pfanne mit etwas Butter ausstreichen. Die Zwiebel schälen, vierteln und in dünne Scheiben schneiden. Die Flussbarschfilets salzen und in die Pfanne legen. Weißwein und 75 ml Wasser oder Gemüsebrühe angießen, die restliche Butter in Flöckchen auf dem Fisch verteilen. Die Pfanne mit einem passenden Deckel oder einem Stück Alufolie zudecken. Den Pfanneninhalt aufkochen und den Fisch bei ganz schwacher Hitze in 6–8 Minuten gar dünsten. Den Deckel oder die Alufolie entfernen, die Flussbarschfilets mit einem flachen Topfdeckel oder einem großen Pfannenwender vorsichtig festhalten und die Garflüssigkeit in einen kleinen Topf gießen.

3 Die Garflüssigkeit mit der Crème fraîche verrühren und in 2–3 Minuten cremig einkochen. In der Zwischenzeit die Rucolastücke mit dem Walnussöl mischen und leicht salzen. Die Sauce salzen, mit dem Stabmixer aufschäumen und mit den gedünsteten Eglifilets auf Tellern anrichten. Das Bündner Fleisch auf den Fischfilets verteilen und mit Rucola und gerösteten Walnusskernen bestreuen. Dazu passen Polenta, Kartoffelpüree oder Salzkartoffeln.

Fleisch

Kräuter-Backhendl

Für 4 Personen • Zubereitung: 45 Minuten

1 Brathähnchen (1,2–1,5 kg) oder
 1 kg Hähnchenstücke

2–3 Eier

½ Bund Oregano

1–2 EL körniger Senf

80 g Mehl

200 g Semmelbrösel (vom Bäcker
 oder selbst gemacht, siehe Tipp)

etwa 1 l Sonnenblumenöl oder
 1 kg Butterschmalz

1 Zitrone, in Spalten geschnitten,
 zum Servieren

Salz und Pfeffer aus der Mühle

1 Das Hähnchen in 8 Stücke teilen. Dafür zuerst die Hähnchenbrustfilets mit zwei tiefen Schnitten rechts und links des Brustbeins herauslösen, jedes Filet quer halbieren. Die Flügel im Ellenbogengelenk abschneiden (der Flügelansatz verbleibt jeweils an einem Stück Brustfilet). Die Hähnchenkeulen nach hinten aus dem Hüftgelenk auskugeln, vom Rückgrat ziehen oder schneiden und halbieren – wenn möglich im Gelenk. Die Knochen für eine Brühe einfrieren oder gleich mit ein bisschen Wurzelgemüse und ein paar Kräutern eine Brühe daraus kochen und diese einfrieren.

2 Die Eier in einem tiefen Teller aufschlagen und mit einer Gabel verquirlen. Die Oreganoblättchen von den Zweigen zupfen, hacken und mit dem Senf unter die Eier mischen. Mehl und Semmelbrösel getrennt voneinander in zwei weitere tiefe Teller geben. Die Hähnchenteile salzen, pfeffern und im Mehl wenden, überschüssiges Mehl abschütteln. Anschließend durch die Eimasse ziehen und zum Schluss in den Semmelbröseln wenden. Die Panade nicht andrücken, damit sie beim Ausbacken schön locker und knusprig wird.

3 Das Öl in einer großen Pfanne mit hohem Rand auf etwa 140 °C erhitzen (dann brutzelt ein Brotkrümel im Öl sofort los, wird aber nicht gleich schwarz). Die panierten Hähnchenstücke im heißen Öl in 15–20 Minuten goldbraun ausbacken, dabei ein- oder zweimal wenden.

4 Die ausgebackenen Hähnchenteile mit einem Schaumlöffel vorsichtig aus dem Öl heben und auf Küchenpapier abtropfen lassen. Das Kräuter-Backhendl mit den Zitronenspalten servieren. Dazu passen Kartoffelsalat (S. 34) und Birnenketchup (S. 107).

Tipp:

Semmelbrösel selbst zu machen ist ganz einfach und macht oft den Unterschied zwischen einem guten und einem perfekten Backhendl, Schnitzel oder Backfisch aus. Dafür trockenes Weißbrot oder altbackene Brötchen grob zerkleinern und in einer Küchenmaschine mit Universalzerkleinerer zu Bröseln mahlen. Oft tut es der Panade gut, wenn die Brösel nicht allzu fein gemahlen sind. Im Blitzhacker gelingt das auch, allerdings passt nicht sehr viel Brot auf einmal hinein. Die fertigen Semmelbrösel luftdicht verschlossen und trocken lagern.

Maisgockel-Cordon-bleu mit Bärlauch

Für 4 Personen • Zubereitung: 30 Minuten

12 Bärlauchblätter

4 Maishähnchenbrustfilets
(mit oder ohne Haut und Flü-
gelknochen, à ca. 200 g) oder
Hähnchenbrustfilets

100 g junger Appenzeller oder milder
Bergkäse, in Scheiben

150 g trockenes Weißbrot oder
Semmelbrösel

2 Eier

80 g Mehl

500 g Butterschmalz

Salz und Pfeffer aus der Mühle

Zum Servieren:

125 g Preiselbeerkompott aus dem
Glas oder Preiselbeersauce (siehe
Tipp)

1 Limette, in Spalten geschnitten

Bärlauchblätter

1 Die Bärlauchblätter von den Stielen befreien. Die Hähnchenbrustfilets der Länge nach drei Viertel weit aufschneiden, mit Salz und Pfeffer würzen. Mit Bärlauchblättern und Käsescheiben füllen, dann mit Holzspießchen fixieren.

2 Das Weißbrot grob zerkleinern, im Mixer oder mit dem Pürierstab fein zerbröseln und in einen tiefen Teller geben. Die Eier in einen weiteren tiefen Teller aufschlagen, mit einer Gabel leicht verquirlen. Das Mehl in einen dritten tiefen Teller geben. Die gefüllten Hähnchenbrustfilets erst im Mehl, dann in den Eiern und zum Schluss in den Brotbröseln wenden. Die Panade nicht andrücken, damit sie beim Ausbacken schön locker und knusprig wird.

3 Das Butterschmalz in einer großen Pfanne zerlassen. Die panierten Hähnchenbrustfilets darin bei schwacher bis mittlerer Hitze von beiden Seiten in etwa 12–15 Minuten goldbraun ausbacken, dann auf Küchenpapier abtropfen lassen. Mit Preiselbeerkompott und Limettenspalten servieren. Nach Belieben mit Bärlauchblättern garnieren.

Tipp:

Preiselbeersauce ist schnell selbst gemacht: Dafür 350 g frische oder TK-Preiselbeeren (oder Cranberrys), 250 ml Apfelsaft, 200 g braunen Zucker und 1 Zimtstange mit dem Saft und der abgeriebenen Schale von 1 Bio-Orange in einen Topf geben und etwa 20 Minuten kochen, bis die Beeren platzen. Wer es pikanter mag: sehr gut passen auch die *Sauren Zwiebeln* (S. 14) zum Cordon bleu.

Bürgermeisterstück mit Estragon-Limoni-Senf

Für 4 Personen • Zubereitung: 30 Minuten + 3,5 Stunden Garzeit

2 Zwiebeln

1 kg Suppenknochen vom Rind
 (davon ein paar Markknochen)

1,5 kg Bürgermeisterstück vom
 Rind oder Tafelspitz

400 g Wurzelgemüse (z. B. 1 Möhre,
 1 Petersilienwurzel, 100 g Knollensellerie, ½ Stange Lauch)

1 Weißkohl- oder Wirsingblatt

1 Stängel Liebstöckel oder 1 Zweig
 Thymian

½ Bund Petersilie

2 Lorbeerblätter

4–6 Knoblauchzehen

1 TL Pfefferkörner

Salz

Für den Senf:
1 Stück frische Meerrettichwurzel
 (4 cm)

1 Bund Estragon

2 TL Koriandersamen

2 EL Zitronensaft

100 g körniger Senf

1 Die ungeschälten Zwiebeln halbieren und in einem großen Topf auf der Schnittfläche in 10 Minuten dunkelbraun rösten. Herausnehmen und beiseitestellen. Die Suppenknochen mit 3 l Wasser in den Topf geben und aufkochen, den aufsteigenden Schaum abschöpfen. Nach 30 Minuten das Bürgermeisterstück in die Brühe legen, leicht salzen und bei sehr schwacher Hitze ohne Deckel 1 Stunde ziehen lassen.

2 In der Zwischenzeit Wurzelgemüse, Kohlblatt, Liebstöckel und Petersilie gründlich waschen. Die Petersilienblättchen von den Stängeln zupfen und beiseitestellen. Die vorbereiteten Zutaten und die Lorbeerblätter mit Küchengarn zusammenbinden. Die ungeschälten Knoblauchzehen halbieren, die Pfefferkörner zerdrücken. Das Gemüse-Kräuter-Bündel mit Zwiebeln, Knoblauchhälften und Pfefferkörnern zum Fleisch geben. Die Brühe salzen und bei sehr schwacher Hitze 1 Stunde köcheln lassen, dann den Herd ausschalten und das Fleisch noch 1 Stunde ziehen lassen.

3 Währenddessen für den Senf die Meerrettichwurzel schälen und den größten Teil davon fein reiben. Die Estragonblättchen von den Zweigen zupfen. Mit den übrigen Zutaten und den gezupften Petersilienblättchen im Blitzhacker pürieren.

4 Das Fleisch aus der Brühe heben. Die Brühe durch ein feines Sieb in einen sauberen Topf gießen, abschmecken und einmal aufkochen. Das Fleisch quer zur Faser in dünne Scheiben schneiden, auf tiefe Teller verteilen und jeweils mit etwas Brühe übergießen. Den restlichen Meerrettich über das Fleisch reiben, dann das Bürgermeisterstück mit dem Estragon-Limoni-Senf servieren. Dazu passen Bratkartoffeln.

Tipp:

Die restliche Brühe können Sie für die Zubereitung von Suppe, Risotto, Kartoffelsalat oder Bratensauce verwenden. Ist der Fettdeckel, der sich beim Abkühlen der Brühe bildet, sehr dick, werfen Sie einen Teil davon weg, aber nicht alles, denn im Fett steckt der Geschmack. Im Kühlschrank gelagert ist die Brühe mindestens 4 Tage haltbar, tiefgefroren kann sie bis zu 6 Monate aufbewahrt werden.

Schweizer Sauerbraten

Ein Schmorbraten steht und fällt mit der Qualität des Fleischstücks. Am saftigsten sind feinfaserige Stücke aus der Schulter von langsam gewachsenen Tieren aus Freiland-, Bio- und Mutterkuhhaltung. Suure Mocke, die Schweizer Variante des Sauerbratens, servieren Sie ganz klassisch mit Kartoffelpüree, Polenta oder Kasnockerln (S. 109), doch auch ein einfacher Risotto schmeckt gut dazu.

Für 4 Personen • Zubereitung: 4 Stunden 30 Minuten + 1 Woche Ruhezeit

200 g Pastinaken

200 g Möhren

200 g Knollensellerie

2 kleine Zwiebeln

2 Knoblauchzehen

2 Lorbeerblätter

4 Gewürznelken

1 TL Pfefferkörner

1 TL Wacholderbeeren

½ Bund Thymian

750 ml Rotwein

100 ml Rotweinessig

1,2 kg Rinderschulter

3 EL Sonnenblumenöl

80 g Basler Leckerli (oder andere Lebkuchen ohne Glasur)

Meersalz

1 Pastinaken, Möhren, Knollensellerie und Zwiebeln schälen und grob würfeln. Die Knoblauchzehen schälen und zerdrücken. Die Gewürze in ein Gewürzsäckchen oder einen Teefilter füllen, mit Küchengarn zubinden oder mit einer Metallklammer verschließen und in einer flachen Auflaufform mit Thymian, Rotwein, Rotweinessig und dem vorbereiteten Gemüse mischen. Die Rinderschulter in die Marinade legen und zugedeckt im Kühlschrank etwa 1 Woche marinieren.

2 Das Fleisch aus der Marinade heben, gut abtropfen lassen und mit Küchenpapier trocken tupfen. Die Marinade durch ein feines Sieb in einen Topf gießen. Wurzelgemüse, Kräuter und Gewürzsäckchen abtropfen lassen und beiseitestellen, die Flüssigkeit auffangen und in den Topf geben. Die Marinade aufkochen, dabei den aufsteigenden Schaum abschöpfen. Das marinierte Fleisch salzen. 2 EL Sonnenblumenöl in einem schweren Schmortopf oder Bräter erhitzen und das Fleisch darin in etwa 10 Minuten von allen Seiten anbraten. Mit einem Schöpflöffel voll heißer Marinade ablöschen, den Bratensatz loskochen und die Flüssigkeit vollständig einkochen

lassen. Den Vorgang noch zweimal wiederholen, anschließend mit der restlichen heißen Marinade aufgießen. Das Fleisch zugedeckt bei schwacher Hitze 3 Stunden schmoren, dabei ab und zu wenden.

3 Das restliche Sonnenblumenöl in einer Pfanne erhitzen und das abgetropfte Wurzelgemüse darin etwa 10 Minuten braten. Basler Leckerli zerbröseln und mit Gemüse, Kräutern und Gewürzsäckchen zum Braten geben. In etwa 1 Stunde fertig schmoren.

4 Den Braten aus dem Schmortopf nehmen und auf einem Schneidebrett kurz ruhen lassen. In der Zwischenzeit Kräuter und Gewürzsäckchen aus der Sauce entfernen. Die Sauce salzen und eventuell ein wenig einkochen. Den Schweizer Sauerbraten in dünne Scheiben schneiden und mit dem Schmorgemüse und der Sauce servieren. Dazu passt Risotto.

Gremolata-Schweinebraten

**Für 4–6 Personen • Zubereitung: 30 Minuten + 2 Tage Ruhezeit
+ 2 Stunden Garzeit**

Für die Gremolata:

1 Bio-Zitrone

1 Bio-Orange

4 junge Knoblauchzehen

1 TL Kreuzkümmelsamen

4 EL Schweineschmalz

Salz und Pfeffer aus der Mühle

1,2 kg Halsgrat vom Schwein (ohne
 Schwarte)

2 Möhren

2 Zwiebeln

1 Petersilienwurzel

2 Fenchelknollen

3 Tomaten

2 EL Olivenöl

1 Bund Petersilie

Salz und Pfeffer aus der Mühle

1 Für die Gremolata Zitrone und Orange heiß waschen und abtrocknen, die Schale hauchdünn abschälen und den Saft auspressen. Die Knoblauchzehen schälen und mit den Kreuzkümmelsamen fein hacken. Das Schweineschmalz mit Knoblauch, Kreuzkümmel und 1 TL Salz mischen und mit Pfeffer würzen. Zitronen- und Orangensaft kalt stellen.

2 Das Schweinefleisch mit der Schmalz-Gremolata einreiben, mit den Zitrusschalen in eine passende Schüssel legen und zudeckt 2 Tage kalt stellen.

3 Den Backofen mit einem Bräter darin auf 180 °C (Ober-/Unterhitze) bzw. 160 °C (Umluft) vorheizen. Möhren, Zwiebeln und Petersilienwurzel schälen und in walnussgroße Stücke schneiden. Das Fenchelgrün von den Knollen zupfen und beiseitelegen, die Knollen halbieren und in Spalten schneiden. Die Tomaten vierteln.

4 Den heißen Bräter aus dem Ofen holen, das Olivenöl hineingeben und das Fleisch darin etwa 15 Minuten von allen Seiten anbraten. Möhren-, Zwiebel- und Petersilienwurzelstücke mit den Fenchelspalten zugeben und hellbraun braten, dann die Tomatenviertel zufügen. Mit Zitronen- und Orangensaft ablöschen und zugedeckt im heißen Ofen auf der mittleren Schiene etwa 2 Stunden schmoren. In der Zwischenzeit etwa 750 ml Wasser aufkochen. Das heiße Wasser nach und nach zum Braten geben.

5 Den Schweinebraten aus dem Ofen nehmen und auf einer Servierplatte anrichten. Die Petersilienblättchen von den Stängeln zupfen und mit dem Fenchelgrün hacken. Die Kräuter in den Bräter geben und mit dem Gemüse mischen. Gemüse und Sauce mit Salz und Pfeffer abschmecken und zum Gremolata-Schweinebraten servieren. Dazu passt Polenta.

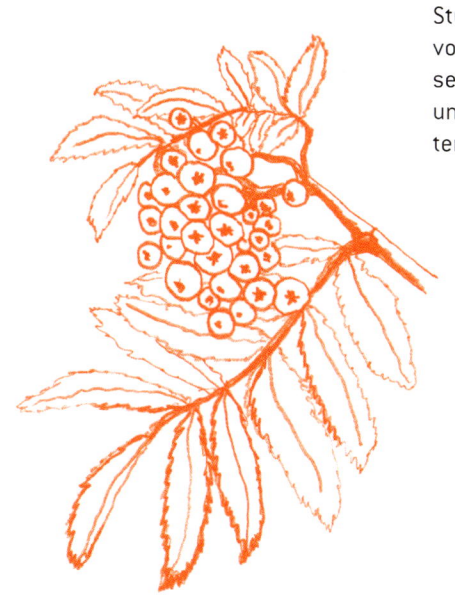

Für Gäste

Kalbsbraten mit Polenta und Wacholderbröseln

Für 4 Personen • Zubereitung: 30 Minuten + 1 Stunde Garzeit

Für den Braten:

1 kg Kalbskeule ohne Knochen

1 EL Olivenöl

1 EL Butter

2 rote Zwiebeln

3 Knoblauchzehen

1 Lorbeerblatt

3 Zweige Thymian

Salz und Pfeffer aus der Mühle

Für die Polenta:

1,25 l Gemüsebrühe oder 600 ml

 Gemüsebrühe und 600 ml Milch

frisch geriebene Muskatnuss

300 g Instant-Polenta

200 g Vacherin Mont d'Or (Schwei-

 zer Weichkäse) oder Raclettekäse

Salz

Für die Wacholderbrösel:

etwa 30 g trockenes Weißbrot

3 Zweige Thymian

12 Wacholderbeeren

1 EL getrocknete Steinpilze

2 EL Olivenöl

Für die Sauce:

100 ml Rotwein

2–3 EL Johannisbeergelee

400 ml Wildfond

1 EL Lebkuchenbrösel (ohne Glasur)

Salz und Pfeffer aus der Mühle

1 Für den Braten den Backofen auf 170 °C (Ober-/Unterhitze) bzw. 150 °C (Umluft) vorheizen. Die Kalbskeule salzen und pfeffern. Das Olivenöl mit der Butter in einer ofenfesten Pfanne oder einem Bräter erhitzen und das Fleisch darin bei starker Hitze 8 Minuten von allen Seiten gleichmäßig anbraten. In der Zwischenzeit die Zwiebeln schälen und achteln, die ungeschälten Knoblauchzehen leicht zerdrücken. Beides mit Lorbeerblatt und Thymianzweigen zum Fleisch geben. Den Braten im heißen Ofen ohne Deckel auf der untersten Schiene 40 Minuten garen. Aus dem Ofen nehmen, auf eine Servierplatte legen und zugedeckt bei geöffneter Tür im ausgeschalteten Ofen ruhen lassen. Die Pfanne beiseitestellen.

2 Für die Polenta die Gemüsebrühe aufkochen, dann mit Salz und Muskatnuss würzen. Die Polenta mit einem Schneebesen unterrühren und zugedeckt bei schwacher Hitze quellen lassen, dabei ein- oder zweimal umrühren. Nach 5 Minuten den Herd ausschalten. Vom Vacherin die obere Rinde mit einem Löffel entfernen, die weiche Käsemasse herauslöffeln und auf der fertigen Polenta schmelzen lassen.

3 Für die Wacholderbrösel das Weißbrot im Blitzhacker nicht zu fein zerkleinern oder zwischen den Handflächen zerbröseln und beiseitestellen. Die Thymianblättchen von den Zweigen zupfen. Mit Wacholderbeeren und Steinpilzen ebenfalls im Blitzhacker zerkleinern. Das Olivenöl in einer kleinen Pfanne erhitzen und die Brotbrösel darin unter ständigem Rühren rösten, bis sie duften. Die Thymianmischung zugeben und noch einige Male rühren, dann vom Herd nehmen.

4 Für die Sauce den Bratensatz in der Pfanne oder im Bräter auf dem Herd mit dem Rotwein loskochen und bei stärkster Hitze fast vollständig einkochen. Johannisbeergelee, Wildfond und Lebkuchenbrösel zugeben und um die Hälfte einkochen. Die Sauce durch ein feines Sieb gießen und abschmecken. Den Braten mit den Bröseln bestreuen, in Scheiben schneiden und mit Sauce und Polenta servieren. Dazu passen grüne Bohnen.

Gulasch mit Hollerbeeren

Das klassische Wiener Saftgulasch funktioniert nach dem gleichen Rezept, nur ohne Holunderbeerenkompott. Am besten eignet sich dafür das Fleisch aus Rinderschulter oder -wade.

Für 4 Personen • Zubereitung: 25 Minuten + 2–2,5 Stunden Garzeit

1 kg Schulter oder Keule vom
   Wild- oder Hausschwein
4 Zweige Majoran oder 1 TL getrockneter Majoran
800 g Zwiebeln
2 Knoblauchzehen
1 TL Kümmelsamen
4 EL Schweine- oder Butterschmalz
2 EL Rotweinessig
4 EL Paprikapulver edelsüß
100 g Holunderbeerenröster
   (aus dem Glas oder siehe Tipp),
   Holunderbeerenkompott oder
   Preiselbeerkompott
Salz und Pfeffer aus der Mühle

1 Das Fleisch erst längs zur Faser in 3–4 cm breite Streifen, dann quer zur Faser in etwa 1 cm dicke Scheiben schneiden. Die Majoranblättchen von den Zweigen zupfen. Zwiebeln und Knoblauchzehen schälen. Die Zwiebeln halbieren und in dünne Streifen schneiden, den Knoblauch mit Majoranblättchen und Kümmelsamen fein hacken.

2 Das Schweineschmalz in einem schweren Topf zerlassen und die Zwiebelstreifen darin bei starker Hitze unter Rühren mindestens 5 Minuten goldbraun braten. Den Rotweinessig mit 250 ml Wasser mischen. Die Zwiebeln mit dem Paprikapulver bestäuben und sofort mit etwas Essigwasser ablöschen. Die Fleischscheiben zugeben, mit Salz und Pfeffer würzen und fast ganz zugedeckt bei schwacher Hitze etwa 2–2,5 Stunden schmoren. Dabei die Garflüssigkeit immer wieder fast vollständig einkochen lassen, dann mit etwas Essigwasser aufgießen.

3 Gegen Ende der Garzeit Wasser in einem Topf aufkochen. Das Gulasch mit dem Holunderbeerenröster und dem Knoblauch mischen, dann ganz knapp mit dem heißen Wasser bedecken und bei schwacher Hitze weitere 10 Minuten ohne Deckel kochen. Das Gulasch abschmecken und mit Salzkartoffeln oder Knödeln servieren.

Tipp:

Holunderbeerenröster können Sie z. B. im Internet bestellen – oder selbst kochen: Für ca. 800 ml Kompott 1 kg Holunderbeeren waschen und abtropfen lassen, dann die Beeren von den Stängeln streifen. Die Schale von 1 Bio-Orange abreiben, den Saft auspressen. 1 Vanilleschote längs halbieren, das Mark herauskratzen. 125 ml Rotwein und 200 g braunen Zucker mit dem Orangensaft in einem Topf aufkochen. Die Beeren mit Orangenschale, Vanillemark und -schote zugeben und bei schwacher Hitze 8–10 Minuten kochen, bis die Beeren zu zerfallen beginnen. Den Holunderbeerenröster mit 60 ml Aprikosengeist verrühren, sofort in sterilisierte Gläser füllen (siehe Tipp Seite 14) und wie Marmelade lagern.

Rehmedaillons al Cartoccio

Back- oder Pergamentpapier eignet sich hervorragend, um Fleisch, Fisch und Gemüse mit kurzen Garzeiten im eigenen Saft zu garen. Dabei entstehen ein paar Löffelchen wunderbarer Fond und alles bleibt schön saftig. Al-Cartoccio-Rezepte lassen sich auch in Alufolie zubereiten – beispielsweise auf einem Grill mit Deckel. Für die Zubereitung im Ofen ist Backpapier besser geeignet, außerdem sieht es auf dem Teller schöner aus.

Für 4 Personen • Zubereitung: 30 Minuten + 20 Minuten Garzeit

1 Knoblauchzehe

1 TL Wacholderbeeren

4 EL weiche Butter

12 kleine Reh- oder Hirschmedaillons aus Keule oder Rücken (ca. 500 g)

500 g Pfifferlinge oder andere Pilze der Saison

2 Schalotten

2 Stangen Staudensellerie

6 EL Weißwein

4 Zweige Thymian

4 Lorbeerblätter

Weißbrot zum Servieren

Salz und Pfeffer aus der Mühle

1 Die Knoblauchzehe schälen und mit den Wacholderbeeren hacken. 2 EL Butter in einer großen Pfanne zerlassen und die Rehmedaillons darin bei starker Hitze von beiden Seiten je 1 Minute anbraten. Salzen, pfeffern, mit der Knoblauch-Wacholder-Mischung vermengen und auf einen großen Teller gleiten lassen.

2 Den Backofen auf 200 °C (Ober-/Unterhitze) bzw. 180 °C (Umluft) vorheizen. Die Pfifferlinge putzen, nur wenn nötig kurz waschen und anschließend mit einem Küchentuch sehr gründlich abtrocknen (andere Pilze in dicke Scheiben schneiden, kleine Exemplare ganz lassen). Die Schalotten schälen und in Ringe schneiden, die Selleriestangen in Scheiben schneiden.

3 Vier etwa backblechgroße Backpapierzuschnitte jeweils in der Mitte mit der restlichen Butter ein-

fetten. Rehmedaillons, Pilze und Gemüse auf dem gebutterten Teil des Backpapiers verteilen, mit etwas Weißwein beträufeln und leicht salzen und pfeffern. Auf jede Portion 1 Thymianzweig und 1 Lorbeerblatt legen. Die Längsseiten des Backpapiers jeweils zur Mitte hin über der Füllung zusammenlegen, den Rand dreimal je 1 cm breit umfalten. Die schmalen Enden der Päckchen auf die gleiche Weise umfalten – und eventuell mit Büroklammern oder mit einem Tacker fixieren oder mit Bratenschnur festbinden. Die Päckchen auf ein Backblech setzen und im heißen Ofen auf der zweiten Schiene von unten 8 Minuten garen.

4 Die Päckchen aus dem Ofen nehmen und auf Teller verteilen. Die Rehmedaillons erst am Tisch aus den Päckchen nehmen und mit Weißbrot servieren.

Wild-Maroni-Köfte

Für 4 Personen • Zubereitung: 30 Minuten + 30 Minuten Ruhezeit

150 g vorgegarte Esskastanien

2 junge Knoblauchzehen

1 getrocknete Chilischote

4 EL Olivenöl

1 EL Koriandersamen

1 EL Pimentkörner

1 Bund Koriandergrün

2 TL abgeriebene Bio-Zitronenschale

4 EL Weißwein

600 g Reh- oder Gamsfleisch aus
 Schulter, Hals oder Keule

100 g roher Schweinebauch

100 g geräucherter Bauchspeck

15 g Salz (1 EL)

1 Die Esskastanien grob hacken, die Knoblauchzehen schälen und hacken, die Chilischote zerbröseln. 2 EL Olivenöl in einer Pfanne erhitzen und alles darin 3 Minuten braten. In der Zwischenzeit Koriandersamen und Pimentkörner im Mörser zerstoßen. Das Koriandergrün hacken.

2 Die zerstoßenen Gewürze mit der Zitronenschale in die Pfanne geben. Mit dem Weißwein ablöschen, vollständig einkochen. Die Mischung vom Herd nehmen und auskühlen lassen (am besten einige Minuten ins Gefrierfach stellen). Das Koriandergrün untermischen.

3 Rehfleisch, Schweinebauch und Speck in 1 cm breite Streifen schneiden und sehr klein würfeln, anschließend hacken oder durch die grobe Scheibe des Fleischwolfs drehen. Das Hackfleisch mit dem Salz verkneten und mindestens 30 Minuten im Gefrierfach kalt stellen. Das kalte Hackfleisch in der Küchenmaschine 10 Minuten durchkneten, dann die kalte Esskastanienmischung unterkneten.

4 Aus der Wild-Maroni-Masse mit feuchten Händen 8–10 cm lange, fingerdicke Würste (Köfte) formen. Die Köfte bis zum Gebrauch kalt stellen und auf jeden Fall noch am selben Tag braten oder roh einfrieren.

5 In einer großen Pfanne das restliche Olivenöl erhitzen und die Wild-Maroni-Köfte darin bei mittlerer Hitze unter Wenden 8–10 Minuten braten.

Tipp:

Dazu schmeckt ein *Linsensalat*. Dafür 200 g braune Linsen mit etwa 1 l Salzwasser aufkochen, dann bei mittlerer Hitze nach Packungsanweisung garen. In der Zwischenzeit für das Dressing die Schale von 1 Bio-Zitrone abreiben, den Saft auspressen. 1 Knoblauchzehe schälen und mit 1 Chilischote fein hacken. Alles mischen, kräftig salzen und mit 100 ml Olivenöl verrühren. 4 EL geschälte Sesamsamen in einer Pfanne ohne Fett unter ständigem Rühren hellbraun rösten, bis sie duften und zu springen beginnen. Die Linsen abgießen und abtropfen lassen, dann mit den gerösteten Sesamsamen und dem Dressing mischen. Den Linsensalat warm oder kalt zu den Köfte servieren, zuvor noch einmal abschmecken.

Pulled Hirschpfeffer in Piadina

Nicht nur in New York ist »pulled pork« (zerpflücktes Schweine-fleisch) der Hit – das Fleisch wird so weich geschmort, dass es zerfällt, wenn man daran zieht. Als alpines Streetfood füllt man zartes Wildfleisch in eine Piadina, ein dünnes italienisches Fladenbrot. Als Ersatz eignen sich fertige Weizentortillas.

Für 4 Personen • Zubereitung: 50 Minuten + 3 Stunden Garzeit

Für den Hirschpfeffer:

200 g Zwiebeln

1 Möhre

100 g Knollensellerie

3 Knoblauchzehen

1 TL Wacholderbeeren

1–2 Chilischoten

1 kg Hirsch-, Reh- oder Wildschwein-
 fleisch aus Keule oder Schulter

3 EL Rapsöl

5 Zweige Thymian

½ Zimtstange

200 g passierte Tomaten

2 EL Quittengelee

1 EL Mehl

400 ml Rotwein

Salz und Pfeffer aus der Mühle

Für das Fladenbrot:

500 g Mehl

10 g Salz

100 g zimmerwarmes Schweine-
 oder Butterschmalz

1 Für den Hirschpfeffer Zwiebeln, Möhre und Knollensellerie schälen und klein würfeln. Die Knoblauchze-hen schälen, mit Wacholderbeeren und Chilischote hacken und alles mit 1 gehäuften Msp. Salz im Mörser zu Brei zerstoßen.

2 Das Hirschfleisch in 4–5 cm große Würfel schneiden. Das Raps-öl in einem großen, schweren Topf oder Bräter stark erhitzen und das Hirschfleisch darin scharf anbraten. Das gewürfelte Gemüse zugeben und 3 Minuten mitbraten, dann leicht salzen. Thymianzweige, Zimtstange, Knoblauchmischung, passierte Tomaten und Quitten-gelee zufügen, alles mit dem Mehl bestäuben und umrühren. Mit etwas Rotwein ablösen, vollständig einkochen. Diesen Schritt noch zweimal wiederholen, dann mit dem restlichen Rotwein und 1 l Wasser aufgießen. Zugedeckt bei sehr schwacher Hitze etwa 3 Stunden schmoren, bis die Fleischstücke beim Umrühren zu zerfallen be-ginnen. Falls die Sauce zu dick wird, noch etwas heißes Wasser zugeben.

3 In der Zwischenzeit für das Fladenbrot Mehl und Salz in eine Schüssel geben, mit dem Schweine-schmalz und 175 ml warmem Wasser zu einem glatten Teig ver-kneten. Den Teig zu einer Kugel formen, in Frischhaltefolie wickeln und 2–3 Stunden kalt stellen.

4 Aus dem kalten Teig 8 Kugeln formen und diese auf der bemehlten Arbeitsfläche je 2 mm dünn aus-rollen. Zwei Pfannen erhitzen, die Piadine darin nacheinander ohne Fett je 2–3 Minuten backen, dabei einmal wenden. Thymianzweige und Zimtstange aus dem Fleischtopf nehmen und entsorgen. Das Fleisch mit zwei Gabeln etwas zerpflücken und die Sauce mit Salz und Pfeffer abschmecken.

5 Die warmen Piadine mit Hirsch-pfeffer belegen, einrollen und warm genießen.

Tipp:

Die Piadine mit Salatblättern und marinierten Kürbisraspeln belegen.

Gselchtes mit Spitzkraut

Für 4 Personen • Zubereitung: 45 Minuten + 2,5 Stunden Garzeit

2 Zwiebeln

1,2 kg gepökeltes Schweinefleisch
 (z. B. Hals oder Vorderhaxe, evtl.
 beim Metzger vorbestellen)

1 EL Pfefferkörner

1 Bund Suppengrün

3 Lorbeerblätter

4 Zweige Thymian

Salz

Für das Kraut:

2 Zwiebeln

1 Apfel

800 g Spitzkohl

3 EL Schweine- oder Butterschmalz

125 ml Weißwein

20 ml Gin oder 1 TL
 Wacholderbeeren

1 Sternanis

1 Lorbeerblatt

1 kleine mehlig- oder vorwiegend
 festkochende Kartoffel

Salz und Pfeffer aus der Mühle

1 Die ungeschälten Zwiebeln halbieren und in einem großen Topf auf der Schnittfläche in 10 Minuten dunkelbraun rösten. 2,5 l Wasser in den Topf geben, das gepökelte Schweinefleisch zufügen. Aufkochen, dabei aufsteigenden Schaum abschöpfen. Die Pfefferkörner im Mörser zerdrücken, dann mit Suppengrün, Lorbeerblättern und Thymianzweigen in den Topf geben. Die Brühe leicht salzen und das Fleisch bei schwacher bis mittlerer Hitze knapp unter dem Siedepunkt in 2–2,5 Stunden gar ziehen lassen.

2 Etwa 1 Stunde vor Ende der Garzeit für das Kraut die Zwiebeln schälen, halbieren und in dünne Streifen schneiden. Den ungeschälten Apfel vierteln, vom Kerngehäuse befreien und die Viertel quer in Scheiben schneiden. Den Spitzkohl vierteln, den Strunk herausschneiden und die Blätter in etwa 1 cm breite Streifen schneiden, dabei sehr dicke Blattrippen entfernen. Das Schweineschmalz in einem Topf zerlassen und Zwiebelstreifen, Apfelscheiben und Spitzkohlstreifen darin bei schwacher Hitze 5 Minuten braten.

3 Die Spitzkohlmischung mit Weißwein und Gin ablöschen. Sternanis und Lorbeerblatt zugeben und mit 600 ml Wasser aufgießen. Mit Salz und Pfeffer würzen, dann zugedeckt bei schwacher bis mittlerer Hitze 1 Stunde köcheln lassen. Währenddessen die Kartoffel schälen und fein reiben, nach 30 Minuten zugeben. Kocht das Gemüse zu stark, ab und zu etwas Wasser angießen, damit nichts anbrennt.

4 Das Gselchte aus der Brühe nehmen und in dünne Scheiben schneiden. Das Spitzkraut abschmecken und zum Fleisch servieren. Dazu passen Kartoffelpüree oder Salzkartoffeln.

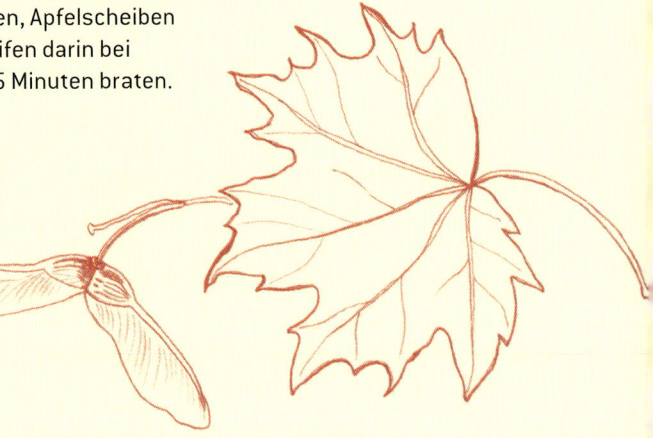

Klassiker

Geschmorte Rinderbackerl

Für 4 Personen • Zubereitung: 30 Minuten + 4 Stunden Garzeit

2 Zwiebeln

4 Knoblauchzehen

1 EL Fenchelsamen

2 Zweige Salbei

1,5 kg Rinderbäckchen (beim Metzger vorbestellen)

4 EL Olivenöl

3 Tomaten

500 ml Weißwein

Salz und Pfeffer aus der Mühle

1 Zwiebeln und Knoblauchzehen schälen. Die Zwiebeln in 1–2 cm große Würfel schneiden, die Knoblauchzehen mit den Fenchelsamen grob hacken. Die Salbeiblättchen von den Zweigen zupfen. Die Rinderbäckchen mit Küchenpapier trocken tupfen, dicke Fettstücke dünner schneiden, dann salzen und pfeffern.

2 Den Backofen auf 170 °C (Ober-/Unterhitze) bzw. 150 °C (Umluft) vorheizen. Das Olivenöl in einem Bräter erhitzen und die Rinderbäckchen darin bei mittlerer Hitze von beiden Seiten je etwa 5 Minuten braun braten. Zwiebelwürfel, Knoblauch-Fenchel-Mischung und Salbeiblättchen zugeben und etwa 5 Minuten anschwitzen. Die Tomaten würfeln und zufügen. Kurz warten, dann mit etwas Weißwein ablöschen, vollständig einkochen. Diesen Schritt wiederholen, bis der Wein verbraucht ist. Mit 500 ml Wasser aufgießen und zugedeckt im heißen Ofen auf der mittleren Schiene etwa 4 Stunden schmoren. Ab und zu einen Schöpflöffel heißes Wasser zugeben, sodass sich langsam eine kräftige Sauce bildet.

3 Die Rinderbackerl aus dem Bräter nehmen, in Scheiben schneiden und auf einer Servierplatte anrichten. Die Sauce abschmecken, eventuell durch ein feines Sieb gießen und mit dem Fleisch servieren.

Tipp:

Dazu schmecken Salzkartoffeln mit Blattspinat, Graupen – oder *Quinoa*: Dafür 250 g weiße oder bunte Quinoa mit 650 ml Wasser und 1 Msp. Salz in einen Topf geben und zugedeckt 15–17 Minuten garen. In der Zwischenzeit die Blättchen von 1 Bund Petersilie zupfen und sehr grob hacken. Mit 1 TL abgeriebener Bio-Zitronenschale und 1 EL gerösteten Pistazienkernen unter die fertige Quinoa mischen. Mit Salz und gemahlenem Kreuzkümmel abschmecken und servieren.

Langsam geschmorte Berglammschulter

Slow Cooking

Gut Ding will Weile haben – das gilt auch in der Küche. Es gibt viele Gerichte, deren Erfolgsgeheimnis schlicht lautet, dass man ihnen Zeit lassen muss. Dafür wird man mit einem besonderen Geschmackserlebnis belohnt. Es gibt einige bekannte Schafrassen, die vor allem in den Alpen gezüchtet werden: verschiedene Sisteron-Lämmer aus den Provence-Alpes, Kärntner Brillenschafe oder das alpine Steinschaf aus den Nordalpen. Natürlich schmeckt das Rezept auch mit einem Deichlamm!

Für 4 Personen • Zubereitung: 45 Minuten + 3 Stunden Garzeit

2 Zweige Rosmarin

5 Zweige Thymian

10 Pfefferkörner

10 Wacholderbeeren

1 TL Fenchelsamen

3 EL Haselnusskerne

1 kg Lammschulter oder Lammkeule
 ohne Knochen

12 junge Knoblauchzehen

3 Tomaten

3 EL Olivenöl

750 g kleine Kartoffeln

500 g Staudensellerie

1–2 EL kleine Oliven mit Stein
 (z. B. aus den Alpen bei Nizza oder
 Taggiasca-Oliven aus Ligurien)

Saft von ½ Zitrone

Salz und Pfeffer aus der Mühle

1 Den Backofen auf 140 °C (Ober-/Unterhitze; keine Umluft) vorheizen. Rosmarinnadeln und Thymianblättchen von den Zweigen zupfen und grob hacken. Mit Pfefferkörnern, Wacholderbeeren und Fenchelsamen im Blitzhacker zerkleinern. Die Haselnusskerne zugeben und sehr grob zerkleinern. Die Lammschulter mit Küchenpapier trocken tupfen, dicke Fettstücke etwas dünner schneiden. Das Fleisch flach aufschneiden, aber nicht ganz durchschneiden, sodass sich der Braten auf die doppelte Größe aufklappen lässt. Mit der Würzmischung bestreuen und salzen. Den Braten zusammenrollen und mit Küchengarn zusammenbinden. Die Knoblauchzehen schälen, die Tomaten grob würfeln.

2 Das Olivenöl in einem Bräter oder einer ofenfesten Pfanne erhitzen und die Lammschulter darin von allen Seiten goldbraun anbraten. Knoblauchzehen und Tomatenwürfel in den Bräter geben. Das Fleisch zugedeckt im heißen Ofen auf der zweiten Schiene von unten etwa 3 Stunden schmoren.

3 In der Zwischenzeit die Kartoffeln waschen oder schälen, die Selleriestangen in 3–4 cm lange Stücke schneiden. Nach 1 Stunde in den Bräter geben, mit Salz und Pfeffer würzen. Gelegentlich prüfen, ob noch genug Flüssigkeit im Bräter ist – falls nötig, etwas heißes Wasser nachgießen. Nach 2 Stunden Garzeit die Oliven zufügen, das Fleisch noch 1 knappe Stunde fertig schmoren.

4 Den Lammbraten aus dem Ofen nehmen, das Küchengarn entfernen und den Braten 10 Minuten ruhen lassen. Das Fleisch in Scheiben schneiden, die Sauce mit Zitronensaft, Salz und Pfeffer abschmecken. Die geschmorte Lammschulter mit Kartoffeln, Schmorgemüse und Sauce servieren.

Lammsteaks mit Bergkräuterbutter und Bohnenstampf

Für 4 Personen • Zubereitung: 1 Stunde

2 Knoblauchzehen

600 g Lammsteaks aus Rücken oder
  Keule (je 2 cm dick)

2 EL Olivenöl

2 Bio-Limetten oder 2 kleine
  Bio-Zitronen

Salz

Für die Kräuterbutter:

250 g weiche Butter

1 Bund Bergkräuter (z. B. Bach-
  kresse, Bergminze, Dost, Quendel,
  Sauerampfer) oder junge Triebe von
  Fichten- oder Latschenkiefer

1 Handvoll essbare Wildblüten (z. B.
  von Brennnessel, Holunder, Taub-
  nessel oder den oben genannten
  Kräutern)

3 Schalotten

1 EL Zitronenmarmelade

gemahlener Kreuzkümmel

Salz

Für den Stampf:

400 g gekochte Bohnen (aus dem
  Glas, z. B. Käferbohnen)

1 Zwiebel

2–3 EL Olivenöl

gemahlener Kreuzkümmel

4 Zweige Oregano

Salz und Pfeffer aus der Mühle

1 Die Knoblauchzehen leicht andrücken. Mit Lammsteaks und Olivenöl in einer Schüssel mischen und mindestens 30 Minuten marinieren.

2 In der Zwischenzeit für die Kräuterbutter die Butter schaumig schlagen (siehe Tipp). Die Kräuterblättchen von den Stängeln und Zweigen zupfen und mit den Blüten hacken. Die Schalotten schälen und fein würfeln. 1 EL schaumig geschlagene Butter in einem Topf zerlassen, die Schalottenwürfel darin mit 1 Msp. Salz zugedeckt bei schwacher Hitze 5 Minuten anschwitzen. Vom Herd nehmen und abkühlen lassen, dann mit den gehackten Kräutern, Blüten und der Zitronenmarmelade im Blitzhacker fein pürieren. Die restliche schaumig geschlagene Butter mit dem Kräuter-Zitronen-Püree verrühren, mit Kreuzkümmel und Salz abschmecken und kalt stellen.

3 Für den Stampf die Bohnen in ein Sieb geben und kurz unter fließendem kaltem Wasser abspülen, dann abtropfen lassen. Die Zwiebel schälen und fein hacken. Das Olivenöl in einem Topf erhitzen und die gehackte Zwiebel darin anschwitzen. Die Bohnen zugeben, kurz braten. Mit 125 ml Wasser aufgießen, mit Salz, Pfeffer und Kreuzkümmel würzen und 5 Minuten kochen. Die Oreganoblättchen von den Zweigen zupfen. Die Bohnen im Topf mit einer

Gabel grob pürieren. Den Bohnenstampf in einer Schüssel anrichten, mit dem Oregano garnieren und warm stellen.

4 Die Limetten heiß waschen, abtrocknen, halbieren und in Spalten schneiden. Lammsteaks und Limettenspalten abwechselnd auf Grillspieße stecken. Die Lamm-Limetten-Spieße salzen und auf dem heißen Holzkohlegrill oder in einer Grillpfanne bei starker Hitze von beiden Seiten insgesamt 3–5 Minuten grillen. Mit Bergkräuterbutter und Bohnenstampf servieren.

Tipps:

Um die Butter schaumig zu schlagen, benutzen Sie am besten ein Standrührgerät – das können Sie einfach 10 Minuten laufen lassen. Wenn Sie zum Grillen der Lammsteaks Holzspieße verwenden, weichen Sie diese vorher in Wasser ein, damit sie auf dem Grill nicht verbrennen.

Kalbsrollbraten mit Kletznfüllung

Gut vorzubereiten

Für 4 Personen • Zubereitung: 1 Stunde + 2,5 Stunden Garzeit + 12 Stunden Einweichzeit

Für die Füllung:

6–8 Kletzn (getrocknete Birnen)

4 Schalotten

2 Knoblauchzehen

2 EL Olivenöl

1 Bund Zitronenthymian

Salz und Pfeffer aus der Mühle

Für den Braten:

2 EL Olivenöl

1 kg gehackte Kalbsknochen (am besten Rippenknochen)

4 Schalotten

1 Fenchelknolle

2 EL Quittengelee

etwa 250 ml Weißwein

1,5 kg Kalbsbrust

Salz und Pfeffer aus der Mühle

1 Für die Füllung die getrockneten Birnen über Nacht in Wasser einlegen, dann grob hacken. Schalotten und Knoblauchzehen schälen und fein würfeln. Das Olivenöl in einer Pfanne erhitzen, Schalotten- und Knoblauchwürfel darin 4 Minuten anschwitzen. Die Zitronenthymianblättchen von den Zweigen zupfen und hacken. Mit Birnenstücken und Schalotten-Knoblauch-Mischung verrühren, mit Salz und Pfeffer abschmecken und beiseitestellen.

2 Für den Braten das Olivenöl und die Kalbsknochen in einem Bräter auf der untersten Schiene in den Backofen schieben. Den Ofen auf 240 °C (Ober-/Unterhitze) bzw. 220 °C (Umluft) vorheizen. Die Knochen ohne Deckel in etwa 30 Minuten braun braten, dabei ab und zu wenden. In der Zwischenzeit die Schalotten schälen und mit dem Fenchel grob würfeln. 5 Minuten vor Ende der Garzeit zu den Kalbsknochen geben und mitbraten. Das Quittengelee zufügen und mit etwas Weißwein ablöschen.

3 Die Kalbsbrust mit Salz und Pfeffer würzen und die Füllung auf der Fleischinnenseite verteilen. Das Fleisch straff einrollen, dann mit Küchengarn im Abstand von 4 cm mehrfach zusammenbinden. Den Ofen auf 160 °C (Ober-/Unterhitze) bzw. 140 °C (Umluft) herunterschal-

ten. Den Kalbsrollbraten auf die Knochen legen und 1,5 Stunden braten, dabei ab und zu wenden. Immer wieder mit etwas Weißwein begießen, später mit dem Bratenfond, und ab und zu etwas heißes Wasser zugeben, sodass die Knochen knapp, aber nicht ganz von Flüssigkeit bedeckt sind.

4 Den Braten aus dem Ofen nehmen und 5 Minuten ruhen lassen, dann das Küchengarn entfernen. Die Kalbsknochen mit einer Gabel aus der Sauce heben und entsorgen. Etwas Fett abschöpfen, die Sauce abschmecken. Den Kalbsrollbraten in Scheiben schneiden und mit der Sauce servieren. Dazu passen Gnocchi oder Kartoffelpüree.

Tipp:

Anstelle der getrockneten Birnen können Sie auch getrocknete Pflaumen verwenden.

K.u.k.-Saftschnitzel mit Kartoffelstampf

Klassiker

In alten österreichischen Kochbüchern findet man oft Rezepte für »Saftbraten« oder »Saftfleisch«. Dieser Klassiker der Kaiserlich-königlichen-Küche zeichnet sich durch eine wunderbare Sauce aus, das Fleisch kann jedoch leicht trocken werden. Die hier beschriebene Variante geht schnell und bietet beides – zartes, saftiges Fleisch und feine Sauce.

Für 4 Personen • Zubereitung: 30 Minuten

Für das Schnitzel:

4 Kalbsschnitzel aus der Ober-
  schale (à 180 g)

4 Zwiebeln

150 g Möhren

2 Knoblauchzehen

2 Tomaten

2 EL scharfer Senf

60 g Mehl für die Schnitzel

2–3 EL Öl

1 TL abgeriebene Bio-Zitronenschale

1 TL Paprikapulver edelsüß

½ TL getrockneter Majoran

400 ml Rinderbrühe oder Kalbsfond

Salz und Pfeffer aus der Mühle

Für den Stampf:

1 kg mehligkochende Kartoffeln

250–275 g Sahne oder 250–275 ml
  Milch

frisch geriebene Muskatnuss

1–2 EL Butter

Salz

1 Für das Schnitzel das Fleisch Raumtemperatur annehmen lassen. Die Zwiebeln schälen und ganz oder geviertelt in dünne Ringe oder Streifen schneiden. Die Möhren schälen, längs vierteln und quer würfeln. Die Knoblauchzehen schälen und fein hacken. Die Tomaten vierteln und entkernen.

2 Für den Stampf die Kartoffeln schälen und in große Stücke schneiden. In kochendem Salzwasser 10–15 Minuten garen.

3 In der Zwischenzeit die Schnitzel leicht klopfen, salzen und pfeffern. Auf beiden Seiten dünn mit dem Senf bestreichen. Das Mehl in einen tiefen Teller geben und die Schnitzel darin wenden, überschüssiges Mehl abklopfen. Das Öl in einer Pfanne erhitzen und die Schnitzel darin bei starker Hitze 2 Minuten braten, dann wenden und 1 weitere Minute braten. Die Schnitzel aus der Pfanne nehmen und beiseitestellen. Zwiebelringe und Möhrenwürfel in die Pfanne geben und in 5–6 Minuten hellgolden braten. Den gehackten Knoblauch mit Tomatenwürfeln,

Zitronenschale und Gewürzen zugeben. Einmal umrühren, mit der Rinderbrühe aufgießen und bei starker Hitze 3–4 Minuten einkochen. Die Schnitzel in die Sauce legen und zugedeckt bei schwacher Hitze 5 Minuten ziehen lassen.

4 Inzwischen die Kartoffeln abgießen und abtropfen lassen. Die Sahne aufkochen, mit Salz und Muskatnuss kräftig würzen und vom Herd nehmen. Die Kartoffeln mit einem Kartoffelstampfer oder einer Gabel grob zerdrücken. Die Sahne unterrühren, dabei die Butter in kleinen Flocken dazugeben. Den Kartoffelstampf mit Salz und Muskatnuss abschmecken. Die Saftschnitzel mit Sauce und Gemüse auf Tellern anrichten und mit dem Kartoffelstampf servieren.

Tipp:

Wie viel Flüssigkeit die Kartoffeln aufnehmen, hängt von der Sorte und der Jahreszeit ab – manchmal braucht man etwas mehr Sahne.

Mehlspeisen
& Desserts

Engadiner Nusstörtel

Für Könner

1 Mini-Muffinform (24 Stück) • Zubereitung: 1 Stunde 45 Minuten

Für den Teig:

150 g weiche Butter und Butter für
die Form

75 g Zucker

2 Eier

3 EL warme Milch

450 g Mehl und Mehl zum Ausrollen

½ TL Backpulver

1 Msp. Salz

1 Msp. abgeriebene
Bio-Zitronenschale

Puderzucker zum Bestäuben (nach
Belieben)

Für die Füllung:

125 g Walnusskerne

175 g Zucker

125 g Sahne

2 EL flüssiger Honig

1 Für den Teig Butter und Zucker in einer Schüssel mit dem Handrührgerät in 5–10 Minuten weiß und schaumig schlagen. Nacheinander die Eier unterschlagen, dann die Milch zugeben. Mehl, Backpulver, Salz und Zitronenschale mischen und mit der Buttermasse verkneten. Die Schüssel abdecken und den Teig 1 Stunde kalt stellen.

2 In der Zwischenzeit für die Füllung die Walnusskerne hacken und in einer Pfanne ohne Fett rösten, bis sie duften, dann auf einem Teller abkühlen lassen. Den Zucker in einem kleinen Topf mit 4 EL Wasser so lange kochen, bis er goldbraun karamellisiert – dabei möglichst nicht umrühren. Währenddessen in einem weiteren Topf Sahne und Honig aufkochen. Die Honigsahne zum Karamell geben und bei schwacher Hitze kochen, bis sich der Karamell aufgelöst hat. 4–5 EL Karamellsahne beiseitestellen. Die restliche Karamellsahne mit den gerösteten Walnusskernen verrühren, auf ein Stück Backpapier geben und auf Raumtemperatur abkühlen lassen. Sobald die Nüsse nicht mehr zu heiß zum Anfassen sind, ein zweites Stück Backpapier auf die Masse legen und den Nusskaramell etwa 1,5 cm dick ausrollen.

3 Den Backofen auf 200 °C (Ober-/Unterhitze; keine Umluft) vorheizen. Die Vertiefungen einer Mini-Muffinform mit Butter einfetten. Den Teig auf der bemehlten Arbeitsfläche 3 mm dünn ausrollen. 24 Kreise (à 5 cm Ø) ausstechen und vorsichtig in die Vertiefungen drücken. Das obere Backpapier vom Nusskaramell entfernen und aus dem Karamell 24 kreisförmige Plättchen ausstechen. In jede Vertiefung 1 Karamellplättchen legen. Den restlichen Teig wieder zusammenkneten und etwas dünner ausrollen. 24 Kreise (à 4 cm Ø) ausstechen und jeweils als Deckel über die Füllung legen. Die Teigränder sorgfältig zusammendrücken, dann mit den Zinken einer Gabel eindrücken, sodass am Rand ein Rillenmuster entsteht.

4 Die Törtchen im heißen Ofen auf der zweiten Schiene von unten etwa 30 Minuten backen. Herausnehmen, kurz abkühlen lassen und aus den Vertiefungen heben. Den übrigen Karamell nochmals erwärmen und über die Törtel verteilen. Nach Belieben mit Puderzucker bestäuben und servieren.

Dinkel-Reindling

Für 1 Kuchen • Zubereitung: 45 Minuten + 2,5 Stunden Ruhe- und Backzeit

Für die Füllung:

125 g Rosinen

6 cl Rum zum Einweichen
 (nach Belieben)

100 g grob gehackte Walnusskerne

1 TL gemahlener Zimt

75 g Zucker

Für den Teig:

500 ml warme Milch

50 g Zucker

2 TL Bio-Zitronenschale

40 ml Rum

1 Würfel frische Hefe (42 g)

800 g Dinkelmehl und Mehl zum
 Ausrollen

200 g Dinkeldunst oder Dinkelmehl

150 g zerlassene Butter und Butter
 für die Form

2 Eier

3 EL Aprikosenkonfitüre

1 Für die Füllung die Rosinen in dem Rum oder in lauwarmem Wasser einweichen. In der Zwischenzeit für den Teig Milch, Zucker, Zitronenschale und Rum in einer Schüssel mit einem Kochlöffel verrühren, die Hefe hineinbröseln. Nach und nach Dinkelmehl und Dinkeldunst unterschlagen. Sobald der Teig zu fest wird, den Löffel beiseitelegen und den Teig mit der Hand oder in der Küchenmaschine kneten. 80 g zerlassene Butter mit den Eiern zugeben und gründlich unterkneten. Die Schüssel mit einem Küchentuch abdecken, den Teig an einem warmen Platz 45 Minuten–1 Stunde gehen lassen, bis sich das Volumen verdoppelt hat. Kurz durchkneten. Noch einmal 45 Minuten gehen lassen.

2 Den Backofen auf 180 °C (Ober-/Unterhitze; keine Umluft) vorheizen. Den Teig auf einem mit Mehl bestäubten Küchentuch zu einem großen Rechteck ausrollen und mit etwas zerlassener Butter bestreichen. Gleichmäßig mit Rosinen, gehackten Walnusskernen, Zimt und Zucker bestreuen, dann den Teig eng einrollen. (So wird der Reindling nicht sehr süß – wer will, kann auch ein paar Esslöffel mehr Zucker auf dem Teig verteilen.) Die Teigrolle schneckenförmig in eine mit Butter eingefettete Reine (20 x 30 cm) legen, mit der restlichen zerlassenen Butter bestreichen, noch einmal 10 Minuten ruhen lassen und im heißen Ofen auf der untersten Schiene in 45–50 Minuten goldbraun backen.

3 In der Zwischenzeit die Aprikosenkonfitüre mit 2 EL Wasser verrühren und durch ein feines Sieb streichen. Den Dinkel-Reindling aus dem Ofen nehmen, mit der Mischung bestreichen und warm oder kalt servieren.

Variante:

Für eine besondere *Festtagsfüllung* 100 g Trockenfrüchte (z. B. Cranberrys, Aprikosen, Rosinen) grob hacken und über Nacht in 3 EL Rum einweichen. 100 g Sahne aufkochen, mit 3 EL Zucker, 175 g gemahlenem Mohn und 75 g gemahlenen Walnusskernen verrühren. Unter Rühren 2 Minuten auf dem Herd stehen lassen, dann herunternehmen. Rumfrüchte, 1 TL Bio-Zitronenschale und ½ TL gemahlenen Zimt unterrühren. Abkühlen lassen, dann gleichmäßig auf dem Teig verstreichen.

Topfenpalatschinken-Törtchen mit Himbeeren

Für den klassischen Palatschinken mit Marillenkonfitüre verdoppeln Sie die Teigmenge, backen 12 Pfannkuchen und bestreichen sie mit Marillen-Powidl (S. 194) oder -konfitüre (siehe Tipp).

Für 6 Stück • Zubereitung: 1 Stunde + 30 Minuten Backzeit

Für die Pfannkuchen:

etwa 50 g Butter und Butter für
 die Formen

75 g Mehl

2 Eier

175 ml Milch

1 Msp. Salz

Für die Füllung:

1 Bio-Zitrone

30 g Butter

3 EL Zucker

1 Msp. Salz

2 Eier

100 g Magerquark

50 g saure Sahne

1 EL Mehl

Zum Garnieren:

Puderzucker

150 g Himbeeren

1 Für die Pfannkuchen 1 großzügigen EL Butter in einer kleinen Pfanne (18–20 cm Ø) zerlassen und hellbraun werden lassen. Mehl, Eier und Milch in einer Schüssel mit dem Stabmixer zu einem Teig verarbeiten, dann die gebräunte Butter und das Salz zugeben. Den Teig mindestens 30 Minuten ruhen lassen.

2 Inzwischen für die Füllung die Zitrone heiß waschen, abtrocknen und 1 TL Schale abreiben. Butter, 1 EL Zucker, Salz und Zitronenschale mit dem Handrührgerät verrühren. Die Eier trennen, die Eigelbe nacheinander unterrühren. Den Magerquark in einem Küchentuch fest ausdrücken, ebenfalls unterrühren. Saure Sahne und Mehl zufügen. Die Eiweiße mit dem restlichen Zucker steif schlagen und unter die Quarkmasse heben.

3 Den Backofen auf 180 °C (Ober-/Unterhitze) bzw. 160 °C (Umluft) vorheizen. Etwas Butter in der kleinen Pfanne zerlassen und nacheinander 6 Pfannkuchen ausbacken. Sechs Backformen (7 cm Ø) mit Butter einfetten, die Pfannkuchen hineinlegen und leicht andrücken. Die Füllung auf die Vertiefungen verteilen, dann die Törtchen im heißen Ofen auf der zweiten Schiene von unten 25 Minu-

ten backen. Aus dem Ofen nehmen und einige Minuten ruhen lassen. Die Topfenpalatschinken-Törtchen vorsichtig aus den Formen heben und auf kleine Teller setzen, mit Puderzucker bestäuben und mit den Himbeeren garniert servieren.

Tipp:

Für die perfekte *Marillenkonfitüre* 1 kg Aprikosen halbieren, entsteinen und in einem großen Topf mit 800 g Zucker mischen. Von 2 Bio-Zitronen die Schale abreiben und den Saft auspressen, beides in den Topf geben und alles zugedeckt mindestens 12 Stunden ziehen lassen. Einmal aufkochen, abkühlen lassen und wieder mindestens 12 Stunden ziehen lassen. Die Früchte in ein Sieb über einem Topf geben und abtropfen lassen. Den aufgefangenen Sirup aufkochen und etwa 10 Minuten kochen, bis er eindickt. Die Früchte zugeben und 10 Minuten mitkochen. Für die Gelierprobe etwas heiße Masse an einem Löffel abtropfen lassen. Wird der letzte Tropfen am Löffel fest, geliert die Konfitüre. Den Topf vom Herd nehmen, sterilisierte Schraubdeckelgläser (siehe Tipp Seite 14) mit der heißen Masse befüllen.

Karamellisierter Kaiserschmarren

Für 4 Personen • Zubereitung: 20 Minuten + Einweichzeit + 30 Minuten Ruhezeit

2 EL Rosinen

3 EL Rum

85 g Mehl

150 ml Milch oder 150 g Sahne

1 Msp. Salz

1 EL Vanillezucker

3 Eier

75 g Butter

75 g Zucker

Puderzucker zum Bestäuben (nach
 Belieben)

1 Die Rosinen mit dem Rum mischen, dann ziehen lassen (am besten einige Tage lang).

2 Das Mehl in einer Schüssel mit Milch, Salz und Vanillezucker zu einer glatten Masse verrühren (nicht schlagen). Die Mischung zugedeckt 30 Minuten ruhen lassen, dann vorsichtig die Eier unterrühren.

3 Den Backofen auf 180 °C (Ober-/Unterhitze) bzw. 160 °C (Umluft) vorheizen. Die Hälfte der Butter in einer ofenfesten Pfanne bei mittlerer Hitze zerlassen und aufschäumen. Den Teig in die Pfanne gießen und bei mittlerer Hitze 3 Minuten backen (die Unterseite ist ein bisschen braun, die Oberfläche noch flüssig), dann mit den Rumrosinen bestreuen. Den Kaiserschmarren im heißen Ofen auf der mittleren Schiene in 10 Minuten fertig backen, herausnehmen und mit zwei Gabeln in 3–4 cm große Stücke reißen.

4 Die restliche Butter in Flöckchen zum Schmarren geben. Die Schmarrenstückchen mit dem Zucker bestreuen, in der Pfanne wenden und auf dem Herd noch 3 Minuten karamellisieren. Den karamellisierten Kaiserschmarren auf Tellern anrichten, nach Belieben mit Puderzucker bestäuben und servieren. Dazu passen Karamellkirschen (siehe Tipp), Apfelmus oder ein fruchtiger Röster (z. B. Kirschröster, S. 190).

Tipp:

Für *Karamellkirschen* 500 g Kirschen halbieren und entsteinen. 3 EL Zucker in einem kleinen Topf mit 3 EL Wasser kochen, bis der Zucker hellbraun karamellisiert. Mit 1 Schuss Kirschsaft oder Rotwein ablöschen – Vorsicht, der heiße Zucker zischt und spritzt etwas. Rühren, bis sich der Zucker ganz aufgelöst hat. Die halbierten Kirschen zufügen, aufkochen, auf einen Teller oder ein Tablett geben und kalt stellen.

Kipferlkoch

Für 4 Personen • Zubereitung: 40 Minuten + 45 Minuten Backzeit

150 g altbackene Buttercroissants, altbackene Brötchen oder altbackenes Baguette

10 getrocknete Aprikosenhälften

3 Eier

375 g Sahne oder 375 ml Milch

2 Äpfel (z. B. Boskop)

Zimtzucker (3 EL Zucker mit ½ TL gemahlenem Zimt gemischt)

20–30 g Butter in Flöckchen und Butter für die Form

Puderzucker zum Bestäuben (nach Belieben)

1 Die Croissants in Scheiben schneiden (die Brötchen oder das Baguette längs halbieren und quer in dünne Scheiben schneiden). Die Aprikosenhälften in Streifen schneiden oder würfeln, mit den Croissantscheiben in eine Schüssel geben. 1 Ei trennen, das Eigelb beiseitestellen. 250 ml Sahne oder Milch mit 2 Eiern und dem Eiweiß verquirlen, die Croissants damit übergießen. Die Schüssel abdecken und die Croissants 20 Minuten ziehen lassen.

2 In der Zwischenzeit die Äpfel schälen, vierteln, von den Kerngehäusen befreien und in Scheiben schneiden.

3 Den Backofen auf 180 °C (Ober-/Unterhitze) bzw. 160 °C (Umluft) vorheizen. Eine Auflaufform mit Butter einfetten. Ein Drittel der Kipferlmasse in die gefettete Auflaufform füllen, die Hälfte der Apfelscheiben darauf verteilen und mit etwas Zimtzucker bestreuen. Diesen Schritt wiederholen, dann die restliche Kipferlmasse darüber verteilen. Die restliche Sahne oder Milch mit dem Eigelb verquirlen und über die Kipferlmasse gießen. Mit dem restlichen Zimtzucker bestreuen, die Butterflöckchen daraufsetzen. Im heißen Ofen auf der zweiten Schiene von unten in etwa 45 Minuten goldbraun und knusprig backen.

4 Den Kipferlkoch aus dem Ofen nehmen, nach Belieben mit Puderzucker bestäuben und heiß mit Röster, Kompott oder frischen Früchten servieren.

Variante:

Sie können die Kipferlmasse auch in der Pfanne als *Kipferlschmarren* ausbacken, dabei den Guss und die Äpfel weglassen: 2 EL Butter in einer großen Pfanne zerlassen und aufschäumen. Die Kipferlmasse zugeben, in der Pfanne verteilen und bei mittlerer Hitze in 2–3 Minuten stocken lassen. Den Kipferlschmarren mit zwei Gabeln in große Stücke reißen, in 3–4 Minuten goldbraun backen, dann wenden. 1 EL Butter zugeben, den Schmarren in 3–4 Minuten fertig backen. 2 EL Zucker mit 1 Msp. gemahlenem Zimt mischen, über den Kipferlschmarren streuen und vorsichtig untermengen. Servieren, sobald der Zucker karamellisiert.

Salzburger Nockerl

Beim Salzburger Nockerl handelt es sich um ein empfindliches Soufflé, und das heißt, dass man bei der Zubereitung sehr genau arbeiten sollte und das Timing eine große Rolle spielt. Die Gäste müssen auf die Nockerl warten und nicht umgekehrt: Wenn die Nockerl fertig sind, kommen sie sofort auf den Tisch, dann ist höchster Genuss garantiert!

Für 4 Personen • Zubereitung: 20 Minuten

5 Eiweiß

30 g Zucker (2 EL)

3 Eigelb

1 Päckchen Vanillezucker

20 g Mehl

1 TL abgeriebene Bio-Zitronenschale

20 g Butter und 10 g Zucker für die
 Formen

Puderzucker zum Bestäuben

1 Den Backofen auf 180 °C (Ober-/Unterhitze; keine Umluft) vorheizen. Die Eiweiße mit dem Zucker zu steifem Schnee schlagen. Eigelbe, Vanillezucker, Mehl und Zitronenschale nur kurz einrühren, sodass noch Eigelbstreifen in der Masse zu sehen sind.

2 Vier Souffléförmchen mit Butter einfetten und mit Zucker ausstreuen. Mit zwei Esslöffeln Nocken von der Eischneemasse abstechen und nebeneinander in die Formen setzen, sodass schöne Spitzen entstehen.

3 Im heißen Ofen auf der zweiten Schiene von unten in 6–8 Minuten hellgolden backen – die Nockerl sollen innen noch cremig sein. Sobald die Nockerl auskühlen, fallen sie zusammen, deshalb rasch mit Puderzucker bestäuben und sofort servieren.

Tipp:

Zu den Nockerl schmeckt *Himbeersauce* sehr gut. Dafür 250 g Himbeeren mit 1–2 EL Puderzucker im Mixer 10 Minuten pürieren – so bekommt die Sauce eine sehr angenehme Bindung. Durch ein feines Sieb in eine Schüssel streichen, um die Kerne zu entfernen, und kalt stellen.

Joghurtkoch mit Blaubeeren

Koch ist die österreichische Bezeichnung für ein kleines Dessert irgendwo zwischen Pudding und Soufflé – luftiger als ein Pudding, aber viel stabiler als ein Soufflé. Am besten gelingt es in Formen mit geraden Wänden.

Für 6 Personen • Zubereitung: 40 Minuten + 35–45 Minuten Garzeit

125 g Heidelbeeren

100 g weiche Butter und Butter für die Formen

1 EL Vanillezucker

6 EL Puderzucker und Puderzucker zum Bestäuben

5 Eier

150 g griechischer Joghurt oder saure Sahne

40 g Mehl und Mehl zum Bestäuben

3 EL gemahlene Walnuss- oder Haselnusskerne für die Formen

1 Die Heidelbeeren waschen und sehr gut abtropfen lassen. Butter, Vanillezucker und die Hälfte des Puderzuckers mit dem Handrührgerät in 5 Minuten schaumig schlagen. Die Eier trennen, die Eigelbe nach und nach unter die Butter-Zucker-Mischung schlagen, dann den Joghurt unterrühren. Die Eiweiße mit dem restlichen Puderzucker fast steif schlagen und unterheben. Das Mehl über die Masse sieben und vorsichtig unterziehen.

2 Den Backofen mit einem tiefen Backblech darin auf 170 °C (Umluft, keine Ober-/Unterhitze) vorheizen. Sechs ofenfeste Gläser (à 140–150 ml Inhalt, z. B. kleine, schmale Einmachgläser) mit Butter einfetten und mit den gemahlenen Nüssen ausstreuen. 2 l Wasser in einem Topf aufkochen. Die abgetropften Heidelbeeren mit dem Mehl bestäuben und mischen. Die Joghurt-Eischnee-Masse esslöffelweise auf die Gläser verteilen. Nach jedem Löffel Joghurt-Eischnee-Masse 1 TL Heidelbeeren ins Glas geben.

3 Die gefüllten Gläser auf das heiße Backblech setzen. Vorsichtig das heiße Wasser angießen, bis die Gläser etwa 2 cm hoch im Wasser stehen. Die Joghurtkochs im heißen Ofen 10 Minuten garen, dann bei 150 °C (Umluft) weitere 25–30 Minuten garen. Aus dem Ofen nehmen, mit Puderzucker bestäuben und servieren.

Walnusskoch

Für 6 Stück • Zubereitung: 45 Minuten + 30 Minuten Garzeit

100 g Kuvertüre

2 EL Zucker

80 g Walnusskerne

1 TL Butter für das Karamellisieren
und Butter für die Formen

20 g Mehl

3 EL gemahlene Walnusskerne (oder
andere gemahlene Nüsse) für die
Formen

100 g Butter

100 g Puderzucker und Puderzucker
zum Bestäuben

5 Eier

200 g Sahne

1 Die Kuvertüre hacken und im Wasserbad schmelzen. Den Zucker mit 1 EL Wasser in einer kleinen Pfanne goldbraun karamellisieren. Walnusskerne und Butter zugeben und alles mischen, bis die Nusskerne mit Karamell überzogen sind. Aus der Pfanne nehmen und auf einem mit Backpapier ausgelegten Teller abkühlen lassen, dann grob hacken. Den gehackten Walnusskaramell mit dem Mehl bestäuben und mischen.

2 Den Backofen mit einem tiefen Backblech darin auf 180 °C (Umluft, keine Ober-/Unterhitze) vorheizen. Sechs ofenfeste Puddingformen (à 140–150 ml Inhalt) oder kleine, schmale Einmachgläser mit Butter einfetten und mit den gemahlenen Walnusskernen ausstreuen.
2 l Wasser aufkochen.

3 Butter und Puderzucker mit dem Handrührgerät in 5–10 Minuten weiß und schaumig schlagen. Die Eier trennen, die Eigelbe nach und nach unter die Butter-Puderzucker-Mischung rühren. Nacheinander die geschmolzene Kuvertüre und den gehackten Walnusskaramell unterrühren. Die Eiweiße zu steifem Schnee schlagen und unterheben. Die Masse auf die vorbereiteten Formen verteilen. Die gefüllten Formen auf das heiße Backblech setzen. Vorsichtig das heiße Wasser angießen, bis die Formen etwa 2 cm hoch im Wasser stehen. Die Walnusskochs im heißen Ofen etwa 30 Minuten garen.

4 Kurz vor Ende der Garzeit die Sahne nicht ganz steif schlagen. Die Formen aus dem Ofen nehmen, jeden Walnusskoch auf einen Teller stürzen, mit Puderzucker bestäuben und mit der Schlagsahne servieren. Dazu passen Erdbeeren.

Tipp:

Sie können auch einen großen Walnusskoch in einer beschichteten Wasserbadform mit Deckel zubereiten. Dafür im Backofen auf der untersten Schiene eine tiefe Reine mit etwas mehr Wasser als im Rezept angegeben erhitzen und die mit Walnusskochmasse gefüllte verschlossene Form hineinstellen (die Form muss mindestens zur Hälfte im Wasser stehen). Die Garzeit beträgt etwa 1 Stunde. Den fertigen Walnusskoch auf eine Platte stürzen und servieren.

Portweinkletzn

Einfach

Für 6 oder 12 Personen • Zubereitung: 10 Minuten + 40 Minuten Garzeit + 2 Stunden Abkühlen + 12 Stunden Einweichzeit

6 oder 12 Kletzn (getrocknete
  Birnen)

0,75 l Portwein

½ Zimtstange

1 TL Pimentkörner

150 g flüssiger Honig

200 g Sahne

1 Die getrockneten Birnen über Nacht in kaltem Wasser einweichen.

2 Den Portwein mit Zimtstange und Pimentkörnern in einen Topf geben und aufkochen. Die Birnen abgießen, dabei 150 ml Einweichwasser auffangen. Birnen und Einweichwasser in den Topf geben und 40 Minuten kochen, dann im Sud erkalten lassen.

3 Die Birnen aus dem Sud nehmen und auf sechs oder zwölf Teller verteilen. Den Honig zum Sud in den Topf geben und alles sirupartig einkochen. In der Zwischenzeit die Sahne steif schlagen. Die Portweinkletzn mit dem heißen Sirup übergießen, mit der Sahne anrichten und servieren.

Kirschröster

Für ca. 800 ml • Zubereitung: 40 Minuten

1 kg Kirschen

1 Bio-Orange

4 EL Zucker (mehr nach Belieben)

40 ml Orangenlikör oder Aprikosengeist (nach Belieben)

1 Msp. gemahlene Muskatblüte

1 Die Kirschen waschen und entsteinen. Die Orange heiß waschen und abtrocknen, dann ein langes Stück Schale hauchdünn abschälen und den Saft auspressen. Kirschen, Zucker, Orangenschale und -saft in einen Topf geben und aufkochen. Zugedeckt bei schwacher Hitze 15 Minuten dünsten, bis die Kirschen weich sind. Nach Belieben den Orangenlikör zugeben. Mit der gemahlenen Muskatblüte abschmecken, eventuell mehr Zucker zufügen.

2 Den Kirschröster kochend heiß in sterilisierte Schraubdeckelgläser füllen (siehe Tipp Seite 14). Im Kühlschrank gelagert, ist der fertige Röster einige Monate haltbar.

Tipp:

Mindestens 1 Jahr haltbar ist Kirschröster, wenn man ihn wie Powidl (S. 194) einkocht. Kirschröster passt zu vielen Desserts und Mehlspeisen (z. B. zu Palatschinken, S. 178, oder zu Topfenknödeln, S. 203). Aprikosen, Zwetschgen und Wildpflaumen eignen sich ebenfalls sehr gut für die Zubereitung eines Rösters. Der entscheidende Unterschied zum Kompott ist, dass die Früchte mit wenig Flüssigkeit gedünstet (man könnte fast sagen »geröstet«) werden. Dadurch sind Röster fruchtiger als vergleichbare Kompottsorten, die mit reichlich Wasser oder Wein zubereitet wurden.

Heidelbeerkompott

Für 4 Personen • Zubereitung: 10 Minuten + 12 Stunden Ruhezeit

1 kg Heidelbeeren

100 g brauner Zucker (am besten
  Muscovadozucker, nach Geschmack
  mehr)

40 ml frisch gepresster Zitronensaft

1 Zimtstange

40 ml Aprikosengeist (nach
  Belieben)

½ Pk. Geliermittel ohne Zucker
  (für ein Frucht-Zucker-Verhältnis
  von 3:1)

1 Die Heidelbeeren in einer
Schüssel mit Zucker, Zitronensaft,
Zimtstange und Aprikosengeist
mischen, dann mit einer Gabel leicht
zerdrücken. Zugedeckt mindestens
12 Stunden ziehen lassen.

2 Die Heidelbeermischung in einen
Topf umfüllen und mit dem Geliermittel gut verrühren. Bei mittlerer
Hitze aufkochen, dann 2 Minuten
kochen. Die Zimtstange entfernen,
die Masse kochend heiß in sterilisierte Schraubdeckelgläser füllen
(siehe Tipp Seite 14) und diese
sofort verschließen.

Tipp:

Da das Geliermittel hier nicht nach
Packungsanweisung verwendet
wird, bleibt das Kompott flüssig.
Sie können es auch weglassen,
allerdings gibt es dem Kompott eine
angenehme leichte Bindung, die ich
gerne mag.

Rhabarberkompott und Rhabarber-Erdbeer-Sauce

*Das Rhabarberkompott schmeckt hervorragend zu Mehlspeisen,
zu Panna cotta und zu sahnigen Eissorten – oder probieren Sie
einmal 1 TL von der Flüssigkeit in einem Glas Sekt oder Champagner.
Wenn Sie das Kompott kochend heiß in sterilisierte Schraubdeckelgläser füllen (siehe Tipp Seite 14), hält es bis zu 1 Jahr.*

Für 4 Personen • Zubereitung: 10 Minuten + 12 Stunden Ruhezeit

400 g Rhabarber

200 ml Granatapfelsirup
  (Grenadine)

500 g reife Erdbeeren für die Sauce

1 Für das Kompott den Rhabarber
in 1 cm breite Stücke schneiden. Mit
Granatapfelsirup und 200 ml Wasser
in einen Topf geben und in 6–8 Minuten fast weich kochen.

2 Für die Rhabarber-Erdbeer-Sauce
die Erdbeeren in das heiße Rhabarberkompott geben und alles
pürieren. Luftdicht verschlossen
hält die Sauce im Kühlschrank bis zu
2 Wochen.

Marillen-Powidl

Es ist die ursprünglichste Methode, um Früchte einzukochen: ohne Zucker, oft in der Restwärme eines abkühlenden Brotofens. Klassisch macht man Powidl aus Zwetschgen, gemischt mit ein paar Dörrpflaumen; wenn es aber im Sommer mal richtig reife, süße Marillen gibt, sollten Sie zuschlagen und gleich eine große Menge kochen. Es schmeckt auch im Müsli und auf frischem Brot.

Für 4–5 Gläser (à 200 ml Inhalt) • Haltbarkeit: etwa 1 Jahr
Zubereitung: 15 Minuten + 3 Stunden Gar- und Backzeit

2,5 kg Aprikosen
1 Vanilleschote
200 g getrocknete Aprikosen
250 ml Dessertwein oder fruchtiger
 Weißwein

1 Die Aprikosen waschen, halbieren und entsteinen. Die Vanilleschote längs halbieren, das Mark herauskratzen. Vanilleschote und -mark mit den übrigen Zutaten in einen Topf geben und 30 Minuten kochen, dabei gelegentlich umrühren. Die Mischung in ein feines Sieb über einem Topf gießen und abtropfen lassen, die Vanilleschote entfernen. Den aufgefangenen Saft in etwa 15 Minuten sirupartig einkochen.

2 Den Backofen auf 150 °C (Umluft, keine Ober-/Unterhitze) vorheizen. Die gekochten Aprikosen mit einem Passiergerät oder dem Stabmixer pürieren oder durch ein feines Sieb streichen. Das Püree mit dem eingekochten Saft mischen, in eine Auflaufform füllen und im heißen Ofen auf der mittleren Schiene etwa 2,5 Stunden einkochen, dabei erst gelegentlich, in den letzten 30 Minuten häufiger umrühren. Die Masse in fünf sterilisierte Einmachgläser füllen (siehe Tipp Seite 14), die Gläser verschließen. Im Kühlschrank gelagert ist der Marillen-Powidl mehrere Monate haltbar.

Tipp:

Möchten Sie den Marillen-Powidl längere Zeit ungekühlt lagern, sollten Sie ihn einkochen. Dafür auf den Boden eines Topfes, in den die Einmachgläser gerade hineinpassen, ein gefaltetes Küchentuch legen. Die noch warmen Gläser in einer oder mehreren Schichten in den Topf stellen. Mit heißem Wasser knapp aufgießen, sodass die Gläser nicht schwimmen. (Es macht nichts, wenn die Deckel herausschauen – der Dampf beim Kochen ist heiß genug.) Das Wasser zum Kochen bringen. Sobald in den Gläsern Bläschen aufsteigen, noch weitere 15 Minuten kochen. Die Einmachgläser aus dem Topf heben und auf einem Gitter abkühlen lassen.

Dinkelbuchteln

Anstelle einer Reine können Sie zum Backen auch eine Keramikform verwenden, dadurch verlängert sich die Backzeit etwas. Die Buchteln schmecken auch mit einer anderen Füllung, etwa mit Vanillepudding oder mit einer Mohnfüllung (siehe Tipp Seite 177).

Für 30 Stück • Zubereitung: 20 Minuten + ca. 2 Stunden Ruhe- und Backzeiten

300 ml Milch

600 g Dinkelmehl und Mehl zum
   Ausrollen

1 Päckchen Trockenhefe

3 EL Zucker

2 Eier

100 g weiche Butter und 100 g zerlassene Butter zum Bestreichen

1 Msp. Salz

300 g Marillen-Powidl (S. 194) oder
   Zwetschgen-Powidl

Puderzucker zum Bestäuben

1 Die Milch lauwarm erhitzen und in einer Schüssel oder in der Küchenmaschine mit Dinkelmehl, Trockenhefe, Zucker, Eiern, 100 g Butter und Salz in 5 Minuten zu einem weichen Teig verkneten. Die Schüssel mit einem Küchentuch abdecken und den Teig an einem warmen Platz gehen lassen, bis sich das Volumen verdoppelt hat (etwa 1 Stunde).

2 Den Backofen auf 170 °C (Ober-/Unterhitze) bzw. 150 °C (Umluft) vorheizen. Eine große Reine mit etwas zerlassener Butter ausstreichen. Den Teig auf der mit Mehl bestäubten Arbeitsfläche fingerdick ausrollen und in 30 Quadrate schneiden. Auf jedes Teigquadrat 1 gehäuften TL Marillen-Powidl setzen, dann zusammenfalten und die Teigränder fest aneinanderdrücken, sodass die Buchteln gut verschlossen sind. Die Buchteln mit der Nahtstelle nach unten in die Reine setzen, mit zerlassener Butter bestreichen und 15 Minuten gehen lassen. Im heißen Ofen auf der zweiten Schiene von unten etwa 20 Minuten backen, dann mit der restlichen zerlassenen Butter bestreichen und in 5 Minuten fertig backen. Die Buchteln aus dem Ofen nehmen und kurz abkühlen lassen.

3 Die Dinkelbuchteln mit Puderzucker bestäuben und lauwarm oder kalt servieren. Dazu passt Vanillesauce oder Eiscreme.

Tipp:

Wenn Sie genug Zeit haben, können Sie den Teig zunächst 12 Stunden kalt stellen, dann aus der Schüssel nehmen und kurz kneten. Den Teig wieder in die Schüssel legen und 1 weitere Stunde ruhen lassen, bis sich das Volumen verdoppelt hat. Auf diese Weise bilden sich mehr Aromastoffe im Teig und die fertigen Buchteln bleiben länger saftig.

Millirahmstrudel

Für 12 Stücke • Zubereitung: 1 Stunde 15 Minuten + 50 Minuten Backzeit

Für den Teig:

200 g Mehl und Mehl zum Ausrollen

1 Msp. Salz

2 EL Öl und Öl zum Bestreichen

1 zimmerwarmes Eigelb

etwa 60 g zerlassene Butter
 zum Bestreichen und für das
 Backpapier

Für die Füllung:

1 Bio-Zitrone

60 g weiche Butter

1 Msp. Salz

60 g Zucker

2 Eier und 2 Eigelb

200 g Magerquark

150 g saure Sahne

30 g Mehl

3 EL gemahlene Haselnusskerne

Für den Guss:

3 EL Zucker

2 Eier

125 ml Milch

125 g Sahne

Puderzucker zum Bestäuben

1 Für den Teig Mehl, Salz, Öl, Eigelb und 90 ml lauwarmes Wasser in einer Schüssel mischen. Den Teig mindestens 5 Minuten kräftig durchkneten, dann zu einer Kugel formen. Mit gleichmäßigen, kreisenden Bewegungen der ineinander verschränkten Hände die Teigkugel »schleifen«, bis die Oberfläche samtig-glatt ist. Den Teig mit wenig Öl bestreichen, in einer Schüssel mit Frischhaltefolie abdecken und 30 Minuten ruhen lassen.

2 In der Zwischenzeit für die Füllung die Zitrone heiß waschen, abtrocknen und 1 TL Schale abreiben. Die Butter mit Zitronenschale, Salz und 1 EL Zucker in einer Schüssel mit dem Handrührgerät weiß und schaumig schlagen. Die Eier trennen, die Eiweiße beiseitestellen. Die 4 Eigelbe nach und nach unter die Buttermischung rühren. Den Magerquark in einem Küchentuch ausdrücken, dann ebenfalls unterrühren. Saure Sahne und Mehl unterrühren. Die Eiweiße mit dem restlichen Zucker steif schlagen und unter die Quarkmasse heben.

3 Den Backofen auf 160 °C (Ober-/Unterhitze) bzw. 140 °C (Umluft) vorheizen. Ein Stück Backpapier mit Butter einfetten und eine längliche Reine (oder einen kleinen Bräter) damit auslegen. Ein großes Küchentuch auf einem Tisch ausbreiten und mit Mehl bestäuben. Den Teig leicht ausrollen, dann halbieren. Die Teighälften nacheinander in alle Richtungen dünn ziehen. Dazu erst mit dem einen, dann mit dem anderen bemehlten Handrücken unter den Teig greifen und den Teig vorsichtig in Richtung Tischkante ziehen. Von allen Seiten wiederholen, bis der Teig sehr dünn ist (dicke Teigränder abschneiden). Den Teig mit etwas zerlassener Butter bestreichen und mit der Hälfte der gemahlenen Haselnusskerne bestreuen. Die Hälfte der Füllung entlang einer Längsseite in einem schmalen Streifen auf dem Teig verteilen, dabei 3 cm Abstand zum Rand halten. Den Teig mithilfe des Tuches einrollen. Den Strudel in die Reine gleiten lassen. Den zweiten Strudel auf dieselbe Weise füllen und neben den ersten Strudel legen. Die Strudel im heißen Ofen auf der mittleren Schiene 45–50 Minuten backen.

4 Währenddessen für den Guss den Zucker mit den Eiern verrühren. Milch und Sahne aufkochen und unter Rühren zu der Ei-Zucker-Mischung geben. Den Guss nach 25 Minuten Backzeit gleichmäßig über die Strudel verteilen. Die Strudel zweimal mit der restlichen zerlassenen Butter bestreichen – nach 40 Minuten Backzeit und wenn sie aus dem Ofen kommen. Den Millirahmstrudel mit Puderzucker bestäuben und heiß servieren, er schmeckt aber auch kalt.

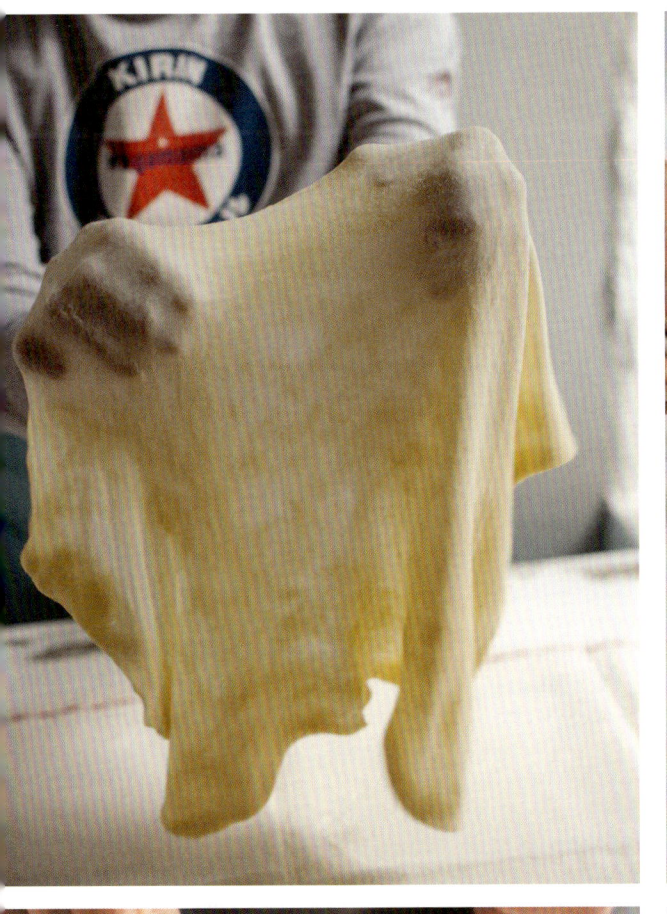

Gut vorzubereiten

Mini-Birnenstrudel mit Blätterteig

Für 6 Stück • Zubereitung: 30 Minuten + mindestens 3 Stunden Ruhezeit + 30 Minuten Backzeit

600 g Birnen

500 ml Weißwein

4 EL Zucker

1 Sternanis

1 Zimtstange

6 TK-Blätterteigplatten (ca. 18 x 14 cm, à ca. 75 g)

2 EL Butter

Mehl zum Ausrollen

4 EL saure Sahne

3–4 EL gemahlene Mandelkerne

4 EL Rosinen

1 EL Zimtzucker

Puderzucker zum Bestäuben

Für die Birnensahne:

200 g Sahne

1–2 EL Birnengeist

1 Die Birnen schälen, achteln und von den Kerngehäusen befreien. Mit Weißwein, Zucker und Gewürzen in einen Topf geben und aufkochen, dann vom Herd nehmen und mindestens 3 Stunden, besser über Nacht, ziehen lassen.

2 Den Backofen auf 200 °C (Ober-/Unterhitze) bzw. 180 °C (Umluft) vorheizen. Ein Backblech mit Backpapier auslegen. Die Blätterteigplatten mit Folie zugedeckt auftauen lassen. In der Zwischenzeit die Birnenachtel mit einem Schaumlöffel aus dem Topf heben und gut abtropfen lassen oder mit Küchenpapier trocken tupfen. Die Weinmischung sirupartig einkochen und beiseitestellen. Die Butter zerlassen. Die Teigplatten mit etwas Mehl bestäuben, auf die eineinhalbfache bis doppelte Größe ausrollen und mit der zerlassenen Butter bestreichen. Saure Sahne und gemahlene Mandeln auf den Teigplatten verteilen, die Birnenachtel darübergeben und alles mit Rosinen und Zimtzucker bestreuen.

3 Die Teigplatten zu kleinen Strudeln einrollen, an den Rändern zusammendrücken und mit der Naht nach unten auf das Backblech legen. Die Strudel mit etwas zerlassener Butter bestreichen und im heißen Ofen auf der mittleren Schiene in etwa 30 Minuten goldbraun backen, dabei noch ein- oder zweimal mit der restlichen zerlassenen Butter bestreichen.

4 Kurz vor Ende der Backzeit für die Birnensahne die Sahne steif schlagen, mit 3 EL Birnensirup und dem Birnengeist abschmecken. Die Strudel aus dem Ofen nehmen und kurz ruhen lassen. Die Birnenstrudel auf Tellern anrichten, mit Puderzucker bestäuben und mit der Birnensahne servieren.

Tipp:

Den restlichen Birnensirup auf die Hälfte einkochen und abkühlen lassen. Mit 1 TL Sirup wird aus einem Glas Weißwein ein erfrischender Drink für laue Sommerabende.

Zwetschgen-Topfen-Knödel

Für 4 Personen • Zubereitung: 30 Minuten + 2 Stunden Ruhezeit

500 g Magerquark oder Quark

150 g weiche Butter

125 g Puderzucker

300 g Semmelbrösel (vom Bäcker
oder selbst gemacht, siehe Tipp
Seite 140)

2 Eigelb

2 Eier

1 TL abgeriebene Bio-Zitronen- oder
Bio-Orangenschale

1 Msp. Salz

16 Zwetschgen oder kleine Aprikosen, entsteint

16 Stück Würfelzucker

50 g Butter

2–3 EL Zimtzucker

1 Den Quark in einem Küchentuch oder einem Passiertuch fest ausdrücken. Butter und Puderzucker in einer Schüssel mit dem Handrührgerät schaumig schlagen. 200 g Semmelbrösel mit Eigelben, Eiern, Zitronenschale und Salz unter die Buttermischung schlagen. Den ausgedrückten Quark unterrühren und die Masse zugedeckt 2 Stunden kalt stellen.

2 Reichlich Wasser in einem großen Topf zum Kochen bringen. Die Quarkmasse mit feuchten Händen in tischtennisballgroße Portionen teilen. Jede Zwetschge mit 1 Stück Würfelzucker füllen. Die Quarkportionen zwischen den Handflächen einzeln flach drücken, je 1 Zwetschge darauflegen, mit der Quarkmasse umschließen und die Ränder sorgfältig zusammendrücken. Die gefüllten Quarkteilchen zu runden Knödeln rollen. Die Knödel in das kochende Wasser geben, einmal aufkochen, dann mit halb aufgelegtem Deckel bei schwacher Hitze 10 Minuten ziehen lassen.

3 In der Zwischenzeit die Butter in einer Pfanne zerlassen. Die restlichen Semmelbrösel darin unter ständigem Rühren goldbraun rösten, dann mit dem Zimtzucker mischen.

4 Die Zwetschgen-Topfen-Knödel mit einem Schaumlöffel aus dem Wasser heben und abtropfen lassen, auf Tellern anrichten und mit der Semmelbröselmischung bestreut servieren. Dazu passt Vanillesauce.

Tipp:

Um sicher zu sein, dass die Knödel beim Kochen nicht zerfallen, aus der Quarkmasse mit feuchten Händen einen kleinen Probeknödel formen, in das kochende Wasser geben und wie oben beschrieben garen. Zerfällt der Probeknödel, kneten Sie 1 Eigelb und etwas mehr Semmelbrösel unter die Quarkmasse. Besonders locker werden die Knödel, wenn die Semmelbrösel eher ungleichmäßig und grob sind.

Mohnknödel mit glasierten Quitten

Etwas Besonderes

Obwohl Quittengelee oder -konfitüre ganz einfach herzustellen ist, müssen die harten Früchte auf jeden Fall zuerst zerschnitten und dann gekocht werden. Weichere Sorten (etwa Limon Avasi oder Esme) finden Sie in vielen türkischen Gemüseläden.

Für 4–6 Personen • Zubereitung: 35 Minuten + 2 Stunden Ruhezeit

Für die Knödel:

600 g mehligkochende Kartoffeln

2 Eigelb

100 g Mehl

2 EL Speisestärke

1 Eiweiß

Zucker für das Kochwasser

4 EL Butter

4 EL gemahlener Mohn

2–3 EL Zucker

Salz

Für die Quitten:

2 weichkochende Quitten (z. B. Esme)

1 EL Zitronensaft

2 EL Butter

3 EL gehackte Haselnusskerne

2 EL Zucker

2 cl Aprikosengeist

1 Für die Knödel die ungeschälten Kartoffeln in kochendem Salzwasser etwa 20 Minuten garen. Noch heiß schälen und durch ein feines Sieb streichen. Das Kartoffelpüree vollständig abkühlen lassen. Nacheinander die Eigelbe und das Mehl mit der Speisestärke untermischen. Das Eiweiß steif schlagen und unterheben. Die Kartoffelmasse zugedeckt 1 Stunde kalt stellen.

2 In der Zwischenzeit die Quitten waschen, vierteln, entkernen und in Spalten schneiden, dann mit dem Zitronensaft beträufeln. Die Butter in einer Pfanne zerlassen und die Quittenspalten darin zugedeckt bei schwacher Hitze 10 Minuten dünsten (siehe Tipp). Haselnusskerne und Zucker zugeben und die Quittenspalten in 2 Minuten karamellisieren. Mit dem Aprikosengeist ablöschen und beiseitestellen.

3 Reichlich Wasser mit 1 Prise Zucker und 1 Msp. Salz in einem Topf zum Kochen bringen. Aus der Kartoffelmasse mit feuchten Händen walnussgroße Knödel formen. Die Knödel in das kochende Wasser geben und 10 Minuten garen. Währenddessen die Butter in einer Pfanne zerlassen und den gemahlenen Mohn darin unter ständigem Rühren rösten, bis er duftet, dann den Zucker zugeben und die Pfanne vom Herd nehmen.

4 Die Knödel mit einem Schaumlöffel aus dem Wasser heben und kurz abtropfen lassen, dann in der Mohnbutter schwenken. Die glasierten Quitten leicht erhitzen, die Mohnknödel damit anrichten und servieren.

Tipp:

Je nach Sorte sollten die Quitten nach 10 Minuten Garen fast weich sein. Ansonsten einfach ein paar Löffel Wasser zugeben und die Garzeit um einige Minuten verlängern.

Powidl-Tascherl

Für 4–6 Personen • Zubereitung: 40 Minuten

Für den Teig:

250 ml Milch

2 EL Butter (30 g)

250 g Mehl und Mehl zum Ausrollen

2 Eier

1 Ei, verquirlt, zum Bestreichen

Salz

Für die Füllung:

100 g Powidl (s. S. 194)

1–2 EL Rum

1–2 TL Zucker

1 Msp. gemahlener Zimt

Für die Bröselbutter:

150 g Butter

50 g Semmelbrösel (vom Bäcker oder selbst gemacht, siehe Tipp Seite 140)

Zimtzucker zum Bestreuen (nach Belieben)

1 Für den Teig die Milch mit Butter, 1 Msp. Salz und 125 ml Wasser aufkochen. Den Topf vom Herd nehmen, das Mehl auf einmal dazugeben und unterrühren. Den Topf wieder auf den Herd stellen und die Masse unter Rühren »abbrennen« – sobald sich die Zutaten gut verbunden haben und am Topfboden eine weißliche Schicht entsteht, ist der Brandteig fertig. Vom Herd nehmen, 5 Minuten abkühlen lassen, dann nacheinander die Eier mit einem Handrührgerät unterrühren.

2 In einem Topf reichlich Salzwasser zum Kochen bringen. Den Teig auf der Arbeitsfläche mit etwas Mehl bestäuben und 3 mm dünn ausrollen. Handtellergroße Kreise ausstechen oder kleine Teigportionen mit etwas Mehl bestäuben und zu Kreisen drücken.

3 Für die Füllung den Powidl mit Rum, Zucker und gemahlenem Zimt abschmecken. In die Mitte jedes Teigkreises 1 TL der Füllung geben. Die Teigränder mit dem verquirlten Ei bestreichen, die Teigkreise zu Halbmonden falten und die Ränder fest aneinanderdrücken. Die Teigtaschen in das leicht kochende Salzwasser geben und etwa 5 Minuten kochen, bis sie an die Oberfläche steigen.

4 In der Zwischenzeit für die Bröselbutter die Butter in einer Pfanne zerlassen und die Semmelbrösel darin unter ständigem Rühren goldbraun rösten. Die Pfanne vom Herd nehmen und beiseitestellen.

5 Die Teigtaschen mit einem Schaumlöffel vorsichtig aus dem Topf heben. Kurz in kaltem Wasser abschrecken, abtropfen lassen. Die Powidl-Tascherln mit der Bröselbutter anrichten, nach Belieben mit Zimtzucker bestreuen und servieren.

Tipp:

Diese Tascherln können Sie auch mit Kartoffelteig zubereiten. Dafür 600 g ungeschälte mehligkochende Kartoffeln in kochendem Salzwasser etwa 20 Minuten garen, pellen und durch eine Kartoffelpresse drücken. Die Kartoffelmasse auf Raumtemperatur abkühlen lassen, dann mit 1 Ei, 200 g doppelgriffigem oder normalem Mehl und je 1 Msp. Salz und Muskatnuss verkneten. Den Teig wie oben beschrieben verarbeiten.

Linzer Törtchen mit Quittengelee

Streng genommen liegt Linz gar nicht in den Alpen – andererseits ist die Linzer Torte ein gutes Beispiel für eine Küche, in der aus jedem Rest noch etwas Tolles gezaubert wird. Konditoren lieben die Torte vor allem deshalb, weil sie mit den Bröseln gemacht wird, die beim Schneiden von Tortenböden abfallen. Fragen Sie Ihren Konditor nach Kuchenbröseln, bestimmt ergibt sich daraus zumindest ein gutes Gespräch.

Für 8 Stück • Zubereitung: 30 Minuten + 35 Minuten Backzeit

200 g weiche Butter und Butter für
 die Formen

100 g Puderzucker

1 TL gemahlener Zimt

1 Msp. gemahlene Gewürznelken

1 Päckchen Vanillezucker

1 TL abgeriebene Bio-Zitronenschale

1 Msp. Salz

2 Eier

125 g gemahlene Mandelkerne und
 Mandelblättchen für die Formen

175 g Kuchenbrösel (aus trockenem
 Biskuit) oder Löffelbiskuit

75 g Mehl

2 reife Birnen

125 g Quittengelee

Puderzucker zum Bestäuben

1 Den Backofen auf 160 °C (Ober-/Unterhitze; keine Umluft) vorheizen. Butter und Puderzucker in einer Schüssel mit dem Handrührgerät schaumig schlagen. Die Gewürze mit 1 Ei unterrühren, dann das zweite Ei unterrühren. Die gemahlenen Mandelkerne mit den Kuchenbröseln (oder zerbröseltem Löffelbiskuit) und dem Mehl mischen und unter die Buttermasse ziehen.

2 Acht Tarteletteformen (à ca. 10 cm Ø, oder 1 Muffinform) mit Butter einfetten und mit den Mandelblättchen ausstreuen. Den Teig in einen Spritzbeutel füllen und etwa zwei Drittel davon spiralförmig in die Formen spritzen. Den Teig mit einem Löffel bis an die Seitenränder streichen.

3 Die Birnen schälen, vierteln, von den Kerngehäusen befreien und klein würfeln. Die Birnenwürfel mit dem Quittengelee mischen und mit einem Teelöffel auf dem Teig in den Tarteletteformen verteilen, dabei einen Rand frei lassen.

4 Mit dem restlichen Teig ein Kreuz oder einen Rand auf die Törtchen spritzen. Die Linzer Törtchen im heißen Ofen auf der zweiten Schiene von unten in etwa 35 Minuten goldbraun backen. In den Formen auskühlen lassen, mit Puderzucker bestäuben und servieren.

Schwarzbeernocken mit Sauerrahm

Rezepte für Pfannkuchen mit Heidelbeeren – also Schwarzbeeren – gibt es so viele, wie es Fundorte für die Beeren gibt. Bei manchen Rezepten sind es eher Nocken – mit sehr vielen Beeren und ganz wenig Teig, manchmal werden sie sogar ohne Ei gemacht. Die kleinen, dicken sind besonders fein: fluffig, saftig, aber nicht zu nass.

Für 4 Personen • Zubereitung: 15 Minuten

3 Eier

125 g saure Sahne

100 g Mehl und Mehl zum Bestäuben

1 TL abgeriebene Bio-Zitronenschale

1 Msp. Salz

3 EL Zucker

250 g Heidelbeeren

Butter zum Ausbacken

Puderzucker zum Bestäuben

1 Die Eier trennen. Die Eigelbe mit saurer Sahne, Mehl, Zitronenschale und Salz verrühren. Die Eiweiße mit dem Zucker zu steifem Schnee schlagen. Die Massen vorsichtig miteinander mischen.

2 Die Heidelbeeren waschen und gut abtropfen lassen, mit 1 TL Mehl bestäuben und vorsichtig unter den Teig mischen. Die Butter in einer Pfanne zerlassen. Mit einem Esslöffel etwa 12 kleine »Nocken« vom Teig abstechen, in das heiße Fett setzen und von beiden Seiten goldgelb ausbacken.

3 Die Schwarzbeernocken mit Puderzucker bestäuben und servieren.

Krapfenblätter mit Erdbeeren und Obers

Als traditionelles Schmalzgebäck gehören Krapfenblätter, Tirteln oder Schmalznudeln in den Winter, kurz vor Beginn der Fastenzeit. Es gibt süße und salzige Varianten, manche werden gefüllt mit Trockenfrüchten, Mohn oder Kraut – was die kalte Jahreszeit eben hergibt. Der Kontrast zwischen mürben Krapfenblättern und frisch-säuerlichen Erdbeeren ist umwerfend. Erdbeeren wachsen aber erst später. Zum Glück ist die Fastenzeit dann schon wieder vorbei …

Für 6 Personen • Zubereitung: 50 Minuten + 1 Stunde Ruhezeit

150 g Weizenmehl

150 g Roggenmehl

40 g Butter

2 Eier

1 Msp. Salz

500 g Erdbeeren

300 g Sahne

500 g Butterschmalz oder 500 ml
 Sonnenblumenöl

Puderzucker zum Bestäuben

200 g Rhabarber-Erdbeer-Sauce
 (S. 193) oder pürierte Erdbeeren
 mit etwas Puderzucker

1 Weizen- und Roggenmehl in einer Schüssel gut mischen, die Butter zerlassen und dazugeben. Alles mit Eiern und Salz in etwa 30 Minuten zu einem Teig verkneten. Die Schüssel abdecken und den Teig 1 Stunde ruhen lassen. In der Zwischenzeit die Erdbeeren putzen, in dicke Scheiben schneiden und beiseitestellen. Die Sahne steif schlagen und kalt stellen.

2 Den Teig auf einer mit Mehl bestäubten Arbeitsfläche 2–3 mm dünn ausrollen und 18 Kreise (à ca. 8 cm Ø) ausstechen. Das Butterschmalz in einem flachen Topf erhitzen, bis ein hineingetauchter Holzkochlöffelstiel sofortiges Sprudeln hervorruft. Die Teigkreise im heißen Fett portionsweise hellgolden ausbacken, mit einem Schaumlöffel herausheben und auf Küchenpapier abtropfen lassen. Die ausgebackenen Krapfenblätter sofort mit Puderzucker bestäuben, damit er leicht karamellisiert.

3 Auf sechs Tellern je 3 Krapfenblätter abwechselnd mit Schlagsahne und Erdbeeren aufeinanderstapeln und mit der Rhabarber-Erdbeer-Sauce anrichten. Die Türmchen nochmals mit Puderzucker bestäuben und sofort servieren

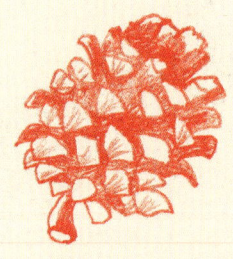

Topfenkrapfen mit Rhabarber-Himbeer-Kompott

Für 6–8 Personen (ca. 24 Krapfen) • Zubereitung: 35 Minuten + 75 Minuten Ruhe- und Garzeit

Für die Krapfen:

250 g Mehl

1 EL Zucker

1 Msp. Salz

100 ml Milch

½ Würfel frische Hefe (ca. 20 g)

250 g Quark

50 g weiche Butter

2 Eier

1 l Öl zum Frittieren

Zimtzucker zum Wälzen

Für das Kompott:

1 kg Rhabarber

400 ml Holunderblütensirup

100 g Himbeeren

1 Für die Krapfen Mehl, Zucker und Salz in eine Schüssel geben und eine Mulde hineindrücken. Milch und Hefe in die Mulde geben und verrühren, dann an einem warmen Platz zugedeckt 15 Minuten ruhen lassen. Mit Quark, Butter und Eiern zu einem weichen Teig verkneten und zugedeckt an einem warmen Platz 1 Stunde gehen lassen.

2 In der Zwischenzeit den Backofen auf 200 °C (Ober-/Unterhitze) bzw. 180 °C (Umluft) vorheizen. Für das Kompott den Rhabarber in etwa 4 cm lange Stücke schneiden, den Holunderblütensirup in einem Topf aufkochen. Den Rhabarber mit den Himbeeren in eine Auflaufform geben, mit dem heißen Sirup übergießen und mit Backpapier abdecken (das Backpapier um den Rand der Form falten). Das Kompott im heißen Ofen auf der mittleren Schiene etwa 35 Minuten garen.

3 Das Öl in einer Pfanne mit hohem Rand (oder in einem großen Topf) erhitzen. Den Krapfenteig umrühren, mit einem Esslöffel kleine Teigportionen abstechen und direkt ins heiße Fett gleiten lassen. Von beiden Seiten in je 1–2 Minuten goldbraun ausbacken. Die Krapfen mit einem Schaumlöffel aus der Pfanne heben und auf Küchenpapier abtropfen lassen. Die Topfenkrapfen im Zimtzucker wälzen und sofort mit dem warmen oder kalten Rhabarber-Himbeer-Kompott servieren.

Tipp:

Rhabarberkompott kann sofort nach dem Garen heiß in sterilisierte Schraubdeckelgläser (siehe Tipp Seite 14) gefüllt und wie Marmelade bis zum Verzehr etwa 1 Jahr gelagert werden.

Register

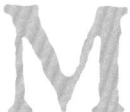

Danke

Für »Die neue Alpenküche« habe ich nach den Quellen unserer kulinarischen Kultur gesucht, nach Rezepten, die schon unsere Großmütter gekocht haben – die sich manchmal in eher entlegenen Bergregionen am besten erhalten. Ich danke vor allem meiner Frau, der Autorin Susanna Bingemer, mit der ich schon viele Artikel und ein großes Koch- und Reisebuch über die Alpen recherchiert und geschrieben habe. Für »Die neue Alpenküche« haben wir gemeinsam die Klassiker in ihrer perfekten Version festgehalten, dabei manchen neue Frische und Leichtigkeit gegeben – immer mit sehr viel Aroma.

Außerdem danke ich meiner Stylistin Barbara Dodt, die für jedes Gericht die perfekten Requisiten findet oder – falls nicht – diese selbst restauriert oder baut. Vom lässigen Textildruck bis zur feinen Schreinerarbeit ist ihr keine Technik fremd. Die Fotoproduktion hat besonders viel Spaß gemacht, dafür danke ich den Köchen und Foodstylisten Marcel Sumpf und Sven Christ, die wunderbar gekocht haben. Mein Dank geht vor allem auch an Silvio Knezevic, meinen Partner bei der Fotoproduktion: Wir haben nicht nur beide fotografiert und uns dabei gegenseitig sehr unterstützt – als Köche haben wir uns natürlich munter ins Küchengeschehen eingebracht.

Monika Schlitzer, Programmleiterin von Dorling Kindersley, hatte die gute Idee für dieses Buch und Dr. Gabriele Kalmbach und Sarah Fischer haben es im Verlag liebevoll betreut. Mit meinen Lektorinnen Lara Tunnat und Katharina Lisson habe ich in den vergangenen Monaten ausgiebig an den Rezeptformulierungen gefeilt – jetzt stimmt alles, die Abläufe passen gut zusammen.

Vita

Hans Gerlach hat viele Jahre als gelernter Koch und Küchenchef in europäischen Sternerestaurants gearbeitet, schloss danach ein Architekturstudium ab, war lange Zeit in München als Foodstylist tätig und ist heute Autor, Food-Fotograf und »Kitchencoach«. Einem breiteren Publikum bekannt wurde er durch seine Kolumnen im Magazin der Süddeutschen Zeitung.

Noch mehr Kochinspirationen

€ 19,95 [D] / € 20,60 [A] / sFr. 28,50
200 Seiten
ISBN: 978-3-8310-1727-0

€ 19,95 [D] / € 20,60 [A] / sFr. 28,50
200 Seiten
ISBN: 978-3-8310-1966-3

€ 19,95 [D] / € 20,60 [A] / sFr. 28,50
192 Seiten
ISBN: 978-3-8310-2193-2

€ 19,95 [D] / € 20,60 [A] / sFr. 28,50
192 Seiten
ISBN: 978-3-8310-2356-1

€ 16,95 [D]/ € 17,50 [A]/ sFr. 24,50
160 Seiten
ISBN: 978-3-8310-2578-7

€ 24,95 [D]/ € 25,70 [A]/ sFr. 35,50
224 Seiten
ISBN: 978-3-8310-2435-3

€ 24,95 [D]/ € 25,70 [A]/ sFr. 35,50
288 Seiten
ISBN: 978-3-8310-2582-4

€ 24,95 [D]/ € 25,70 [A]/ sFr. 35,50
274 Seiten
ISBN: 978-3-8310-2441-4

© Dorling Kindersley Verlag GmbH, München, 2014
Ein Unternehmen der Penguin Random House Group
Alle Rechte vorbehalten.

Rezepte Hans Gerlach, Susanna Bingemer
Fotografie Hans Gerlach, Silvio Knezevic . Außer S. 6 oben li. (PRCreativeTeam - Fotolia.com), oben re. (jm - Fotolia.com), unten (Thomas Neumahr - Fotolia.com)
Foodstyling Marcel Sumpf, Sven Christ
Requisite Barbara Dodt
Lektorat Lara Tunnat, Katharina Lisson
Gestaltung, Typografie und Illustration Silke Klemt

Für den DK-Verlag
Programmleitung Monika Schlitzer
Projektbetreuung Gabriele Kalmbach, Sarah Fischer
Herstellungsleitung Dorothee Whittaker
Herstellung Christine Rühmer
Herstellungskoordination Madlen Richter

ISBN 978-3-8310-2659-3

Repro Farbsatz, Neuried/München
Druck und Bindung Firmengruppe Appl, aprinta Druck, Wemding

Besuchen Sie uns im Internet
www.dorlingkindersley.de

Hinweis
Die Informationen und Ratschläge in diesem Buch sind von den Autoren und vom Verlag sorgfältig erwogen und geprüft, dennoch kann eine Garantie nicht übernommen werden. Eine Haftung der Autoren bzw. des Verlags und seiner Beauftragten für Personen-, Sach- und Vermögensschäden ist ausgeschlossen.